NEW 와꾸와꾸 일본어 高級 1 Bridge

초판 1쇄 발행 2013년 2월 1일
초판 2쇄 인쇄 2019년 7월 1일

지은이 원미령·이토 다카오(伊藤貴雄)

펴낸곳 ㈜글로벌21
출판등록 2019년 1월 3일
주소 서울시 구로구 시흥대로 577-11
전화 02)6365-5179 팩스 02)6365-5169
www.global21.co.kr

ISBN 978-89-8233-227-2 14730
       978-89-8233-221-0 14730 (set)

• 이 책에 실린 모든 내용, 디자인, 편집 구성의 저작권은 ㈜글로벌21과 지은이에게 있습니다.
  허락 없이 복제하거나 다른 매체에 옮겨 실을 수 없습니다.
• 잘못된 책은 구입하신 곳에서 바꿔 드립니다.

日本語
와꾸와꾸 일/본/어

원미령·이토 다카오 공저

高級 1

Bridge

The One 더원

この本をお使いになる方へ

　本書は、「Newワクワク日本語」の中級段階を終えた学習者が、その日本語運用能力を高級レベルへ引き上げる準備段階として「読む」「書く」「話す」「聞く」という四技能を、無理なく身に付けられることを目標に執筆された。

　まず、新しい文型を導入するにあたって、その文型が使われる場面や状況を学習者が容易に理解できるよう、全面カラーのイラストを用いた。イラストを活用することにより、学習者は状況をより確実に把握することができるだろう。

　また、文法および文型においては、[Check point]を参考に、与えられた課題を遂行する中で自然に習得し、教室で学んだことを実際の場面で活用できるよう配慮した。練習の際に実際に自分が現実の状況にいることを想像しながら課題をこなせば、学習効果は倍増するだろう。

　文法および語彙の選定にあたっては、日本語能力試験を基本としながらも、実際に日本語の現場で使われる、実用性の高い表現を掲載しており、試験対策のみならず、日本人との会話にも役立つよう考慮した。

　さらに、Theme TalkやTake a Breakなど、今までに学習した表現を自由に駆使しながら会話が楽しめる内容になっており、応用力とコミュニケーション能力が身に付くよう工夫した。

高級1-Bridgeの構成

本書は、ブリッジ(UNIT1～UNIT10)の10ユニットで構成されている。

- **Lesson Plan**：そのユニットで学習者が達成すべきコミュニケーション能力を提示した。
- **Warming up**：そのユニットで学習者が達成すべき内容への導入。
- **Check point**：新しく学ぶ文法事項を、例文を通して身に付ける。
- **Excercise**：そのユニットで学んだ文型が理解できたかどうか確認する。
- **Dialogue**：学習目標を達成するために必要な文型を含んだ会話文を練習する。
- **Listening**：会話を聞き取り、その内容を理解することで、そのユニットで学習した文型を正しく理解しているか確認する。
- **Activity**：Pair work、Debate、Writingなど多様なActivityを通じてコミュニケーション能力を身に付ける。
- **Theme Talk**：そのユニットで扱ったテーマについて話し、応用力を身に付ける。
- **Take a Break**：クイズや心理テストなどを通じて、楽しみながら実用的な表現を学ぶ。

この本で扱う内容

UNIT	Title	Lesson Plan	Grammer
1	自己紹介	・自己紹介と会話体を学ぶ	・〜(っ)て ・〜っぽい ・〜の？
2	コミュニケーション	・行為や変化の進展段階について話す	・〜するところだ ・〜ているところだ ・〜ていたところだ ・〜たところだ ・〜たばかりだ
3	キャンパスライフ	・学校生活についてくだけた言い方で話す	・〜っけ ・〜んの？ ・〜なきゃ
4	旅行	・旅行について相談する	・〜には ・〜からには ・〜から(とい)って
5	病気・怪我	・病気の症状を説明する	・〜気味 ・〜がち ・症状を表わす擬態語
6	噂・口コミ	・噂や口コミなどで聞いた内容について話す	・〜に限って ・〜とは限らない ・〜限り
7	トラブル	・状況の説明と対処	・〜上(に) ・〜する上で ・〜した上で ・〜ようがない ・〜しかない
8	社会問題	・原因と結果について話す	・〜によって ・〜に伴って ・〜にしたがって
9	敬語 ①	・尊敬と謙譲表現を学ぶ	・〜でございます ・〜でいらっしゃいます ・お(ご)〜する(いたす) ・お(ご)〜になる ・お(ご)〜ください
10	敬語 ②	・敬語および敬語表現を身につける	・敬語 ・〜(ら)れる ・お〜だ ・お(ご)なさる ・〜(さ)せてもらう(いただく)

Activity	Theme Talk	Take a Break
<Pair Work> プロフィールについてインタビューする	・第一印象診断テスト	
<Debate> 携帯電話使用について討論する	・電話について話す	・ある・なしクイズ
<Writing> 校則を作る	・学生時代について話す	・なぞなぞ
<Pair Work> 目的地までの行き方を説明する <Writing> 韓国のおすすめの場所を紹介する	・旅行での出来事や思い出について話す	・おしりかじり虫
<Pair Work> 1. 病名 2. 症状 3. 処方 4. 病院で診断を受ける	・病気や怪我について話す	・犬のおまわりさん
<Pair Work> 韓流アイドルと記者会見	・噂や口コミについて話す	・あなたの精神年齢は？
<Pair Work> 警察に通報する	・トラブルについて話す	・心理テスト
<Writing> 世の中をよくするための法律を考える	・社会問題について話す	・心理テスト
<Pair Work> ホテルに予約を入れる	・敬語を身に付ける	・なぞなぞ
<Writing> 暑中見舞いを書く	・会社の面接試験を受ける	・心理テスト

この本の構成と使い方

- **Lesson Plan**

  このユニットで学ぶ学習目標を提示しています。

- **Check point**

  文法をきちんと理解して身に付けましょう。

- **Warming up**

  このユニットで学ぶ文型を見てみましょう。

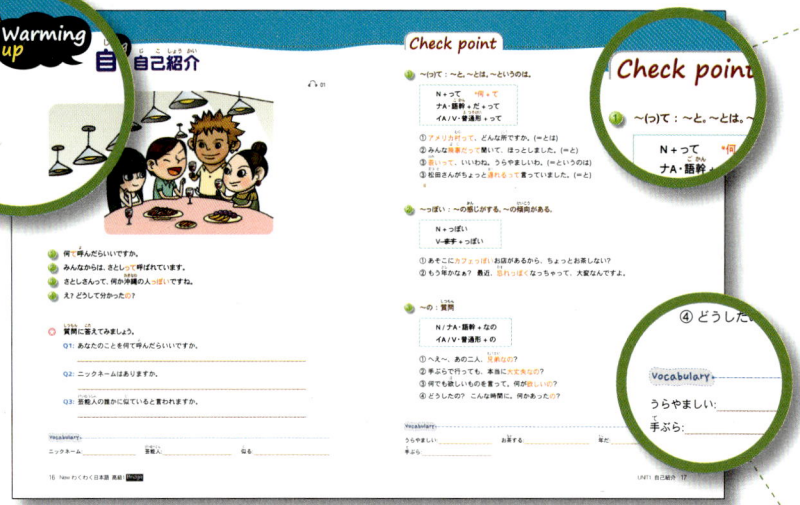

- **Vocabulary**

  新しく出た単語を身に付けましょう。

- **Dialogue**

  会話文を読んで質問に答えてみましょう。

- **Excercise**

  学習した文型を、問題を通して確認してみましょう。

- **Listening**

  聴解問題に挑戦してみましょう。

- **Pair work & Debate**

  いろいろな状況に合わせて会話をしてみましょう。

- **Theme Talk**

  提示されたテーマについてみんなで話し合ってみましょう。

- **Writing**

  いろいろな文章作りに挑戦してみましょう。

- **Take a Break**

  クイズ・心理テストなどで一休みしましょう。

品詞の記号＆活用形

この本では使われている品詞と活用形を分かりやすく記号で表しました。

品詞の記号＆活用形		例
N	名詞	先生、かばん
N-ない	名詞・ない形	先生ではない
N-た	名詞・た形	先生だった
ナA	な形容詞	静かだ
ナA-ない	な形容詞・ない形	静かではない
ナA-た	な形容詞・た形	静かだった
イA	い形容詞	やさしい
イA-て	い形容詞・て形	やさしくて
イA-て	い形容詞・(て)形	やさしくても
イA-ない	い形容詞・ない形	やさしくない
イA-た	い形容詞・た形	やさしかった
V	動詞	行く
V-ます	動詞・ます形	行きます
V-ます	動詞・(ます)形	行きながら
V-て	動詞・て形	行って
V-て	動詞・(て)形	行っても
V-た	動詞・た形	行った
V-た	動詞・(た)形	行ったり来たり
V-よう	動詞・意志形	行こうと思う
V-ば	動詞・仮定形	行けば行くほど

基本形	辞書形	名詞	雨
		な形容詞	きれい
		い形容詞	寒い
		動詞	食べる
普通形	名詞		雨だ、雨ではない、雨だった、雨ではなかった
	な形容詞		きれいだ、きれいではない、きれいだった、きれいではなかった
	い形容詞		寒い、寒くない、寒かった、寒くなかった
	動詞		食べる、食べない、食べた、食べなかった
丁寧体	名詞		雨です、雨ではありません、雨でした、雨ではありませんでした
	な形容詞		きれいです、きれいではありません、きれいでした、きれいではありませんでした
	い形容詞		寒いです、寒くありません、寒かったです、寒くありませんでした
	動詞		食べます、食べません、食べました、食べませんでした

Contents

この本をお使いになる方へ	p.4〜5
この本で扱う内容	p.6〜7
この本の構成と使い方	p.8〜9
品詞の記号＆活用形	p.10〜11
Contents	p.12〜13

UNIT 1　自己紹介 🎧01〜03　　　p.15〜24
- 〜(っ)て
- 〜っぽい
- 〜の?

UNIT 2　コミュニケーション 🎧04〜06　　　p.25〜34
- 〜するところだ
- 〜ているところだ
- 〜ていたところだ
- 〜たところだ
- 〜たばかりだ

UNIT 3　キャンパスライフ 🎧07〜09　　　p.35〜44
- 〜っけ
- 〜んの?
- 〜なきゃ

UNIT 4　旅行 🎧10〜12　　　p.45〜54
- 〜には
- 〜からには
- 〜から(とい)って

UNIT 5　病気・怪我 🎧13〜15　　　p.55〜64
- 〜気味
- 〜がち
- 症状を表わす擬態語

UNIT 6 噂・口コミ 🎧16〜18　　p.65〜74

- 〜に限って
- 〜とは限らない
- 〜限り

UNIT 7 トラブル 🎧19〜21　　p.75〜84

- 〜上(に)
- 〜する上で
- 〜した上で
- 〜ようがない
- 〜しかない

UNIT 8 社会問題 🎧22〜24　　p.85〜94

- 〜によって
- 〜に伴(ともな)って
- 〜にしたがって

UNIT 9 敬語① 🎧25〜27　　p.95〜104

- 〜でございます
- 〜でいらっしゃいます
- お(ご)〜する(いたす)
- お(ご)〜になる
- お(ご)〜ください

UNIT 10 敬語② 🎧28〜30　　p.105〜116

- 敬語
- 〜(ら)れる
- お〜だ
- お(ご)〜なさる
- 〜(さ)せてもらう(いただく)

付録(ふろく)　　p.117〜121

リスニングスクリプト&解答

「何やってるんですかあなたたちは！！今は他に、いくらでもやることがあるでしょう。こんなくだらないことに、頭も時間も使うんじゃありません！?」

（ドラマ『女王の教室』中）

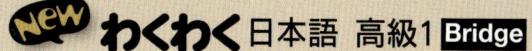

UNIT 1

自己(じこ)紹介(しょうかい)

Lesson Plan 🎧 01〜03

・自己(じこ)紹介(しょうかい)と会話体(かいわたい)を学(まな)ぶ

🗝 **Key Words**
・〜(っ)て
・〜っぽい
・〜の?

自己紹介

🎧 01

1. 何<ruby>て</ruby>呼んだらいいですか。
2. みんなからは、さとし<ruby>って</ruby>呼ばれています。
3. さとしさんって、何か沖縄（おきなわ）の人<ruby>っぽい</ruby>ですね。
4. え？どうして分かった<ruby>の</ruby>？

⭐ 質問（しつもん）に答（こた）えてみましょう。

Q1: あなたのことを何て呼んだらいいですか。
_____

Q2: ニックネームはありますか。
_____

Q3: 芸能人（げいのうじん）の誰かに似（に）ていると言われますか。
_____

Vocabulary

ニックネーム:_____　　芸能人（げいのうじん）:_____　　似る（に）:_____

16　New わくわく日本語 高級1 Bridge

Check point

1 〜(っ)て：〜と。〜とは。〜というのは。

> N＋って　　＊何＋て
> ナA・語幹＋だ＋って
> イA／V・普通形＋って

① アメリカ村って、どんな所ですか。（＝とは）
② みんな無事だって聞いて、ほっとしました。（＝と）
③ 若いって、いいわね。うらやましいわ。（＝というのは）
③ 松田さんがちょっと遅れるって言っていました。（＝と）

2 〜っぽい：〜の感じがする。〜の傾向がある。

> N＋っぽい
> V－ます＋っぽい

① あそこにカフェっぽいお店があるから、ちょっとお茶しない？
② もう年かなぁ？　最近、忘れっぽくなっちゃって、大変なんですよ。

3 〜の：質問

> N／ナA・語幹＋なの
> イA／V・普通形＋の

① へえ〜、あの二人、兄弟なの？
② 手ぶらで行っても、本当に大丈夫なの？
③ 何でも欲しいものを言って。何が欲しいの？
④ どうしたの？　こんな時間に。何かあったの？

Vocabulary

うらやましい:＿＿＿＿＿　お茶する:＿＿＿＿＿　年だ:＿＿＿＿＿
手ぶら:＿＿＿＿＿

UNIT1 自己紹介

Excercise

1 「〜って」を使って、内容を伝えてみましょう。

> 例 岩井：バイトが終わってから行きます。
> → 岩井さんは、バイトが終わってから来るって言っていました。

① 奥山：今日は具合が悪いので欠席します。
→ _____

② 金城：あのお店はうるさいから嫌です。
→ _____

2 「〜って、〜んですか」を使って話してみましょう。

> 例 札幌ドームの場所を聞く
> → 札幌ドームって、どこにあるんですか。

① カルボナーラの作り方を聞く
→ _____

② あの噂が本当かどうかを聞く
→ _____

3 「〜っぽい」を使って話してみましょう。
① 木下先生は、_____ですね。(怒る)
② 彼女は、まだ_____ところがあるからね。(子供)

4 下線部を「〜の」に変えて、質問してみましょう。
① 朝から何も<u>食べていないんですか</u>。
→ _____

② え？高橋さんの奥さんって、<u>女優なんですか</u>。
→ _____

Vocabulary
具合が悪い：_____ ドーム：_____ カルボナーラ：_____
噂：_____ 怒る：_____ 女優：_____

Dialogue

🎧 02

千秋 : 紹介するよ。大学の後輩の野田めぐみさん。
で、こいつは俺の幼なじみの妻夫木さとし。

野田 : はじめまして。野田です。

妻夫木 : はじめまして。妻夫木です。みんなからは「さとし」って呼ばれてます。
野田さんは、何て呼んだらいいですか。

野田 : 私は、たまちゃんって呼ばれてます。

妻夫木 : え？　何で「たまちゃん」なの？

千秋 : ほら、野田さんって、顔の形が卵っぽいでしょ？　だから「たまちゃん」。

⭐ 質問に答えてみましょう。

Q1: 千秋さんと、妻夫木さんはどんな関係ですか。

_____

Q2: 千秋さんと、野田さんはどんな関係ですか。

_____

Q3: 野田さんのニックネームと、その由来は何ですか。

_____

Vocabulary

後輩: _____　こいつ: _____　幼なじみ: _____

形: _____　由来: _____

UNIT1 自己紹介

Listening

🎧 03

★ 内容をよく聞いて、質問に答えてみましょう。

Q1: この人の名前とニックネームは何ですか。
___

Q2: どこが、何に似ていると言われますか。
___

Q3: 出身地はどこですか。
___

Q4: 実家の仕事は何ですか。
___

Q5: 趣味と、好きなジャンルは何ですか。
___

Q6: 今、付き合っている人はいますか。
___

Q7: どんなタイプの女性が好きですか。
___

Vocabulary

経済：_____　　学部：_____　　出身：_____

実家：_____　　付き合う：_____

Pair work

★ 友達(ともだち)のプロフィールについてインタビューをして、発表(はっぴょう)してみましょう。

🔑 **Key Words**

・出身地(しゅっしんち)	・血液型(けつえきがた)	・特技(とくぎ)	・将来(しょうらい)の夢(ゆめ)	・長所(ちょうしょ)
・短所(たんしょ)	・好(す)きなタイプ	・今(いま)住(す)んでいる所(ところ)	・〜年(ねん)生(う)まれ	・家族構成(かぞくこうせい)

UNIT1 自己紹介

Theme Talk あなたはどんなタイプ？

★ 第一印象診断テスト

1. 困っている人がいたら必ず助ける 
2. 初対面の人には、自分からは話しかけにくい
4. 顔と名前を覚えてもらうのに時間がかかる 
5. 自分が何をしようとしていたのか忘れることがある
9. 自分はよく覚えているのに「あの時、あなたもいた?」と聞かれる
10. 休日は外出しないで家で過ごす 
12. くつや時計、かばんにはお金を使う 
13. 声が大きい

Vocabulary

第一印象：＿＿＿　　診断：＿＿＿　　困る：＿＿＿　　初対面：＿＿＿　　姿勢：＿＿＿
敏感だ：＿＿＿　　打ち解ける：＿＿＿　　意外と：＿＿＿　　はっきりする：＿＿＿

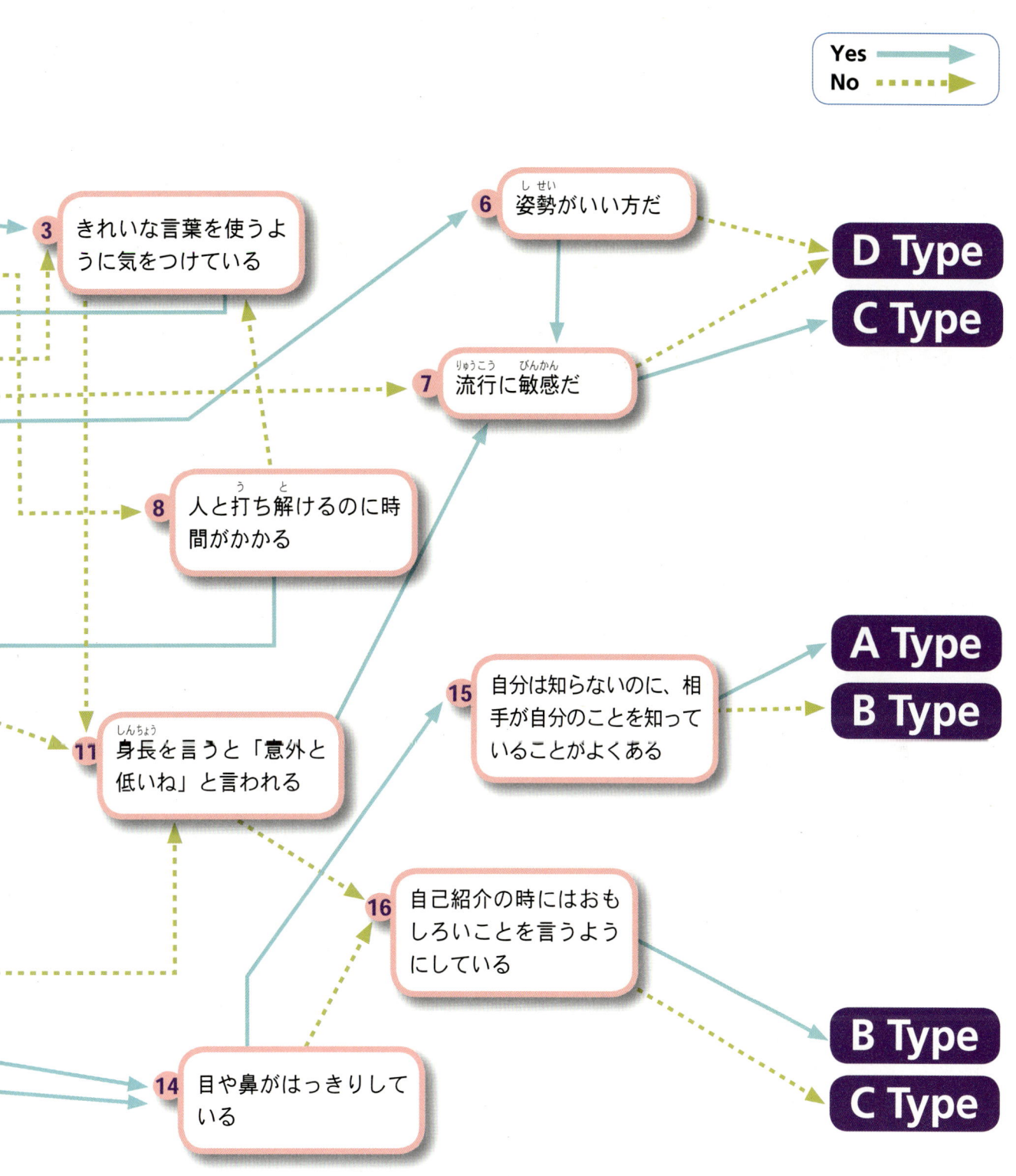

Theme Talk

⭐ **テストの結果!!**

A Type　強烈なインパクトの持ち主!

この答えを見て「やっぱり」と思った人は、自分を演出するのがとても上手な人です。一方、「え? 私が?」と思った人は、自分のことを客観的に見ることができていないようです。

B Type　なかなか印象的なあなた!

自分にそこそこ自信を持っているあなた。ただ、自然のままで自分以上に目立つAタイプの人の前では、引け目を感じていませんか。もっと自信を持って、自分を磨きましょう。

C Type　ごく普通!

あまり目立たないけど、努力家のあなた。もう少し積極的になれば、何度も会ううちに、相手もあなたの魅力に気づくでしょう。

D Type　印象が薄い!

目立つことが嫌いなあなた。確かに印象は薄いですが、それもあなたの個性ですから、無理はしないほうがいいでしょう。ただ、自分のことをよく分かってくれる人に相談しながら、人との上手な付き合い方について、勉強してみるのもいいかもしれません。

Vocabulary

強烈だ:＿＿＿　インパクト:＿＿＿　持ち主:＿＿＿　演出する:＿＿＿　客観的だ:＿＿＿
印象的だ:＿＿＿　そこそこ:＿＿＿　目立つ:＿＿＿　引け目:＿＿＿　磨く:＿＿＿
魅力:＿＿＿　気づく:＿＿＿　薄い:＿＿＿　個性:＿＿＿　付き合い方:＿＿＿

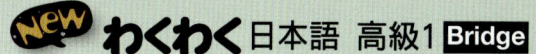

UNIT 2 コミュニケーション

Lesson Plan 🎧 04〜06

・行為や変化の進展段階について話す

Key Words
- 〜するところだ
- 〜ているところだ
- 〜ていたところだ
- 〜たところだ
- 〜たばかりだ

コミュニケーション

🎧 04

① 今、電車を降りるところです。
② 今、書類をファクスで送っているところです。
③ 今まで、取引先の人と打ち合わせをしていたところです。
④ たった今、上野駅に着いたところです。
⑤ 先月、入社したばかりです。

⭐ 質問に答えてみましょう。

Q1: あなたの両親は今、何をしているところだと思いますか。
_____

Q2: 日本語を勉強しはじめたばかりの頃、何が難しかったですか。
_____

Vocabulary

取引先：＿＿＿＿＿＿＿＿＿＿　　打ち合わせ：＿＿＿＿＿＿＿＿＿＿

Check point

1 V・基本形 + ところだ：直前の段階

① 今からそちらに向かうところです。
② 会場に着いたら、ちょうど会議が始まるところでした。

2 V–ているところだ：進行中の段階

① 今賠償問題について話し合っているところです。
② ちょうど盛り上がっているところだから、邪魔しないでよ。

3 V–ていたところだ：以前からその時点まで続いていた段階

① やっぱりそう思いますか。私もそう思っていたところなんです。
② 今まで書類棚の整理をしていたところなんだよ。

4 V–たところだ：直後の段階

① 連絡はしたけど、あいにくちょっと前にもう出かけたところだったんだよ。
② リハーサルが終わったところに、監督が慌てて入ってきた。

5 V–たばかりだ：完了して時間があまり経っていない段階

① 掃除したばかりなんだから、散らかさないで。
② 買ったばかりの車なのに、エンジンに問題があるんですよ。

Vocabulary

向かう：＿＿＿＿＿　賠償：＿＿＿＿＿　盛り上がる：＿＿＿＿＿　邪魔する：＿＿＿＿＿
書類棚：＿＿＿＿＿　あいにく：＿＿＿＿＿　リハーサル：＿＿＿＿＿　監督：＿＿＿＿＿
慌てる：＿＿＿＿＿　散らかす：＿＿＿＿＿

Excercise

1 絵を見て、「～ところだ」を使って文を完成してみましょう。

例 A: 林さん、もう出発しましたか。
B: 今、家を<u>出るところです</u>。

① A: 静香、ご飯もう食べた？
B: ううん、_____。

② A: 同窓会の連絡はどうなりましたか。
B: _____。

③ A: 準決勝、まだやってますか。
B: ちょうど今、_____。
2対1で勝ちました。

④ A: 寛は何やってるの？　もう寝た？
B: いや、部屋を_____。

⑤ A: 鳩山と申しますが、エリ子さん、お願いします。
B: すみません。姉は今_____なんです。

2 「～ばかりだ」を使って文を完成してみましょう。

① A: 日本での生活はどうですか？
B: いや、まだ_____で、何が何だかさっぱり分かりません。
慣れるまでは、もう少し時間が掛かりそうです。

② A: このパソコン、またエラーだよ、まったく。
B: それ、この間_____でしょ？

Vocabulary

準決勝:_____　～対:_____　何が何だか:_____　さっぱり:_____
慣れる:_____　エラー:_____　まったく:_____

Dialogue

🎧 05

健治 : すみません。待ったでしょう？
エリカ: いいえ、私も今着いたばかりです。
健治 : 出ようとしたら、会社から電話が入っちゃって……。
エリカ: 大丈夫ですよ。気にしないでください。
健治 : そういえば、小島さんはまだ来てないんですか。
エリカ: ついさっき連絡があって、今駅に着いたところだそうです。
　　　　駅から近いからすぐ来ると思いますよ。

★ 質問に答えてみましょう。

Q1: エリカさんは、いつ来ましたか。
_____

Q2: 健治さんが遅刻した理由は何ですか。
_____

Q3: 小島さんは、今どこにいますか。
_____

Vocabulary

そういえば:_____　ついさっき:_____

UNIT2 コミュニケーション　29

Listening

🎧 06

★ 内容をよく聞いて、質問に答えてみましょう。

Q1: 書類は送りましたか。
_____

Q2: 書類は全部で何枚ありますか。
_____

Q3: 居酒屋は、いつオープンしましたか。
_____

Q4: どうしてその居酒屋に行くことにしましたか。
_____

Q5: 二人は何時に会いますか。
_____

Vocabulary

オープン: _____   居酒屋: _____   メニュー: _____
半額: _____

Debate

日本では、電車やバスの中で、携帯電話で通話することは禁止されています。韓国でも禁止した方がいいかどうか、賛成と反対の立場に分かれて討論してみましょう。

＜討論の進め方＞
① 賛成、反対のチームに分かれる。
② 同じチームで話し合い、意見を出し合う。
③ まず「賛成」チームの一人が意見を言う。
④ その意見に対し、反対チームが反論する。
⑤ 最後に、多数決で結論を決める。
⑥ 「一部の車両で禁止する」など、折衷案が出たら、賛成、反対、折衷案の中から多数決で決める。

★ あなたの意見をまとめてみましょう。

_____
_____
_____
_____

Vocabulary

通話:_____　禁止:_____　賛成:_____　反対:_____　立場:_____
分かれる:_____　討論:_____　出し合う:_____　反論:_____　多数決:_____
結論:_____　車両:_____　折衷案:_____

Theme Talk

⭐ 次のテーマについて話してみましょう。

Q1: 一ヵ月の電話代（だい）は、いくらぐらいですか。
_____

Q2: いたずら電話や、変（へん）なメールが来たことはありますか。
その時、あなたはどのように対応（たいおう）しますか。
_____

Q3: 日本人のメル友（とも）はいますか。いるなら、どうやって知り合いましたか。
_____

Q4: ツイッターやブログなど、よく使うものは何ですか。その理由（りゆう）は。
_____

Vocabulary

電話代（でんわだい）:_____　いたずら電話（でんわ）:_____　変（へん）だ:_____

メル友（とも）:_____　知り合う（しりあう）:_____　ツイッター:_____

ブログ:_____

32　New わくわく日本語　高級1　Bridge

 **Take a Break** ある・なしクイズ

★ 「ある」の方の言葉に隠れている共通点を見つけましょう。

例

ある	ない
お母さん	母
ドリンク	ジュース
先生	教師
ハンバーガー	おにぎり
富士山	エベレスト

正解：「ある」の方の言葉にはみんな「ん」が入っている。

1.

ある	ない
春巻き	シュウマイ
冬柿	ほし柿
夏みかん	はっさく
秋田	山形

2.

ある	ない
銀行	郵便局
鉄道	電車
金曜日	木曜日
銅像	石像

Vocabulary

隠れる：_____　共通点：_____　春巻き：_____
シュウマイ：_____　冬柿：_____　ほし柿：_____
夏みかん：_____　はっさく：_____　鉄道：_____
銅像：_____　石像：_____

ある・なしクイズの答え

1. 「ある」の方には季節を表わす言葉が入っている。

2. 「ある」の方には金属が隠れている。

Vocabulary

季節: _____　　表わす: _____　　金属: _____

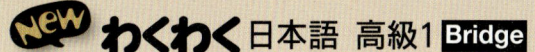
New わくわく日本語 高級1 Bridge

UNIT 3

キャンパスライフ

Lesson Plan 🎧 07〜09

・学校生活についてくだけた言い方で話す

🔑 **Key Words**
・〜っけ
・〜んの?
・〜なきゃ

キャンパスライフ

🎧 07

① 期末テストの範囲はどこだ(った)っけ？
② レポートは水曜日までに出せば大丈夫だ(った)っけ？
③ 古典の先生は点数が甘かったっけ？
④ 作文のテストもあったっけ？
⑤ 何バカなこと言ってんの？
⑥ 今晩は徹夜でもしなきゃ。

⭐ 質問に答えてみましょう。

Q1: 今までで、一番大きな忘れ物は何ですか。

_____

Q2: 今一番、「しなきゃ」と思っていることは何ですか。

_____

Vocabulary

期末：_____ 範囲：_____ 古典：_____ 点数が甘い：_____
作文：_____ バカなことを言う：_____ 徹夜：_____

Check point

①　〜っけ：はっきり記憶していないことの確認

> N + だ(った)っけ
> ナA・語幹 + だ(った)っけ
> イA–た + っけ
> V–た + っけ

① ゼミの飲み会、明日だ(った)っけ？
② 本田さんのお兄さん、あんなにハンサムだ(った)っけ？
③ 古典のテスト、難しかったっけ？
④ あれ？ 財布、どこに入れたっけ？

②　〜んの？：質問。「〜るの」の短縮形

① 私の話、ちゃんと聞いてんの？
　(聞いているの　→　聞いてるの　→　聞いてんの)
② 何勝手に人の携帯見てんの？
　(見ているの　→　見てるの　→　見てんの)

③　〜なきゃ：「〜なければならない」の短縮形

① 留年したくなかったら、頑張らなきゃ。
② そろそろ就活、始めなきゃね。

Vocabulary

ゼミ：＿＿＿＿＿＿＿＿＿＿　勝手に：＿＿＿＿＿＿＿＿＿＿　留年する：＿＿＿＿＿＿＿＿＿＿
就活(＝就職活動)：＿＿＿＿＿＿＿＿＿＿

Excercise

1 「〜っけ」を使って確認してみましょう。
① 研究室が何階か覚えていない。
　→ _____?

② その話を誰に聞いたか覚えていない。
　→ _____?

③ ソファーも運べるほど丈夫かどうかはっきりしない。
　→ _____?

④ 横井さんは背が高いかどうかはっきりしない。
　→ _____?

2 「〜んの?」を使って会話を完成してみましょう。
① [就職する気がある]
　A: またうちでごろごろして。本当に_____?
　B: あるよ。ちゃんと就活してるよ。

② [くだらないことを言う]
　A: 会社辞めて、フリーターにでもなろうかな。
　B: 何_____?

3 状況を読んで、「〜なきゃ」を使って話してみましょう。
① 状況：寝坊をして、ゼミに遅れそうだ。
　→ _____?

② 状況：来週、面接試験がある。
　→ _____?

Vocabulary

運べる: _____　　はっきりする: _____　　ごろごろする: _____

くだらない: _____　　辞める: _____　　フリーター: _____

寝坊: _____　　面接試験: _____

Dialogue

🎧 08

まもる：期末テストっていつだっけ？
さくら：何呑気なこと言ってんの？ あさってだよ。
まもる：マジで？ 明日は徹夜でバイトなのに……。
さくら：卒業単位やばいんでしょ？ どうするの？
まもる：どうしよう。とりあえず、早く帰って勉強しなきゃ。

⭐ 質問に答えてみましょう。

Q1: 期末テストはいつですか。
_____

Q2: まもるさんは、明日何がありますか。
_____

Q3: まもるさんは、いつ勉強しますか。
_____

Vocabulary

呑気だ：_____　　卒業：_____　　単位：_____
やばい：_____　　とりあえず：_____

UNIT3 キャンパスライフ　39

Listening

09

⭐ 内容をよく聞いて、質問に答えてみましょう。

Q1: 女の人は、テストがよくできましたか。
_____

Q2: 女の人は、何じゃだめだと言いましたか。
_____

Q3: 先生は、どんなことで有名ですか。
_____

Q4: 男の人は、何回欠席と遅刻をしましたか。
_____

Q5: 男の人は、これから何をしに行きますか。
_____

Vocabulary

一夜づけ: _____   成績: _____   厳しい: _____

Writing

★ もしあなたが、高校の校長先生になったら、どんな校則(こうそく)を作りますか。
アイディアと、その理由(りゆう)について考えてみましょう。

🔑 Key Words

| ・校則(こうそく) | ・髪型(かみがた) | ・服装(ふくそう) | ・制服(せいふく) | ・男女交際(だんじょこうさい) | ・部活動(ぶかつどう) | ・科目(かもく) |

Theme Talk

⭐ 次のテーマについて話してみましょう。

Q1: 今までで一番印象的だった先生は、どんな先生ですか。

Q2: 先生に怒られたことで、記憶に残っていることはありますか。

Q3: 納得できなかったり、おかしいと思った校則はありますか。

Q4: あなたが学校で、一番頑張ったことは何ですか。

Q5: あなたは学生時代、どんな部活動をしましたか。

Vocabulary

印象的だ:＿＿＿＿　怒られる:＿＿＿＿　納得する:＿＿＿＿　おかしい:＿＿＿＿

なぞなぞにチャレンジしてみましょう。

> 例　「俺(おれ)のコーヒー」って何でしょう?
> （正解）→ **カフェオレ**

① 寒くなればなるほど、あつくなるものは?
_____

② 「そら」の上には何がある?
_____

③ 目を閉(と)じないと、見られないものは?
_____

④ すぐに溶(と)けてしまう「いす」は?
_____

⑤ 車や飛行機(ひこうき)も動(うご)かせるのは何人(なにじん)?
_____

Vocabulary
閉(と)じる: _____　　溶(と)ける: _____

Take a Break

なぞなぞの答え

1. 服。(厚くなる。)

2. シ。(ドレミファソラシド。)

3. 夢。

4. アイス。

5. エンジン。

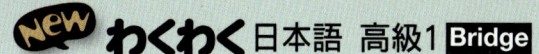

UNIT 4

旅行

Lesson Plan 🎧 10〜12

・旅行について相談する

🔑 **Key Words**
・〜には
・〜からには
・〜から(とい)って

 旅行

 10

① 空港へ行くには、どう行くのが一番早いでしょうか。
② 英語を学ぶには、やっぱり語学研修に行った方がいいかな。
③ アメリカに行くからには、ニューヨークには寄ってみないと。
④ こうなったからには、ここで諦めるわけにはいきませんよ。
⑤ イタリア人だからって、みんなファッショナブルとは限りません。
⑥ おいしいからといって、そんなに食べたらお腹壊すよ。

⭐ 質問に答えてみましょう。

Q1: 安くで旅行するには、どんな方法がありますか。
_____

Q2: 「日本に行くからには、これをしたい！」と思うことはありますか。
_____

Vocabulary

寄る: _____　諦める: _____　ファッショナブル: _____
〜とは限らない: _____　お腹(を)壊す: _____

Check point

① V・基本形 + には：そうするためには。そうしたいと思うなら。
　① 諦めるにはまだ早すぎますよ。
　② 寝台特急カシオペアに乗るには、予約が必要です。

② V・基本形 / V–た + からには：そうなった以上は当然～。
　① やるからには、絶対負けたくありません。
　② 行くと決めたからには、こつこつお金を貯めなきゃ。

③ 普通形 + から(とい)って：ただ～という理由で。
　① 先生だからといって、何でも知っているとは言えません。
　② 安全だからといって、夜、一人で出歩くのはどうかな？
　③ 治安がよくないからって、無法地帯ってわけじゃないよ。
　④ 一度や二度振られたからって、そんなに落ち込む必要はありませんよ。

Vocabulary

寝台特急：＿＿＿＿＿　　カシオペア：＿＿＿＿＿　　絶対：＿＿＿＿＿
負ける：＿＿＿＿＿　　　こつこつ：＿＿＿＿＿　　　貯める：＿＿＿＿＿
出歩く：＿＿＿＿＿　　　治安：＿＿＿＿＿　　　　　無法地帯：＿＿＿＿＿
振られる：＿＿＿＿＿　　落ち込む：＿＿＿＿＿

Excercise

1 状況を読んで、「〜には」を使って話してみましょう。

① 状況：日本語が上手になる方法を聞く。
→ _____どうしたらいいですか。

② 状況：若すぎるのに、結婚すると言っている。
→ _____と思いますけど。

③ 状況：紅葉狩りが楽しめる場所を聞く。
→ _____どこがいいですか。

2 「〜からには」の後に続く文章を考えてみましょう。

> 例　会社に入ったからには、社長になりたい。

① 大学に入ったからには、_____
　_____

② 日本語を勉強しているからには、_____
　_____

③ 北海道まで来たからには、_____
　_____

3 「〜から(とい)って」の後に続く文章を考えてみましょう。

> 例　日本人だから(とい)って、みんな寿司が好きなわけでははい。

① 韓国人だから(とい)って、_____
　_____

② 給料が入ったから(とい)って、_____
　_____

③ 日本の物価が高いから(とい)って、_____
　_____

Vocabulary

紅葉狩り：_____　　給料：_____　　物価：_____

Dialogue

🎧 11

剛　　：さよこさんは、大阪に行ったことがあるそうですね。
さよこ：ええ。去年の秋に行って来ました。
剛　　：空港から難波に行くには、どうやって行くのが一番いいですか？
さよこ：難波なら、JRより南海に乗った方が安くて便利ですよ。
剛　　：そうですか。ありがとうございます。
さよこ：それは大阪のレストランガイドですか？
剛　　：ええ。大阪に行くからには、お好み焼きやお寿司など、いっぱい食べなきゃ。
さよこ：「大阪の食い倒れ」と言うからって、あんまり食べすぎるとお腹壊しますよ。

⭐ 質問に答えてみましょう。

Q1: 男の人は、どうしてさよこさんに旅行のことを相談しましたか。

_____

Q2: 男の人は、何を一番楽しみにしていますか。

_____

Vocabulary

お好み焼き：_____　　お寿司：_____　　大阪の食い倒れ：_____

UNIT4 旅行　49

Listening

🎧 12

★ 内容をよく聞いて、質問に答えてみましょう。

Q1: 最初に、何線のどこ行きに乗りますか。

___

Q2: どこで降ればいいですか。

___

Q3: そこから、リゾートゲートウェイ・ステーションまでどうやって行きますか。

___

Q4: リゾートゲートウェイ・ステーションまで、何分ぐらいかかりますか。

___

Q5: リゾートゲートウェイ・ステーションから、ディズニーランドの駅まで何駅ですか。

___

Vocabulary

何線:___　　～行き:___

Pair work

★ 地下鉄の乗り方と、目的地までの行き方について説明してみましょう。

Aは韓国人、Bは日本人観光客です。Aは、目的地に行くには、どこで何号線に乗り換えればいいか、また、乗り換え駅と目的地の駅は何駅目なのか、説明してください。

地下鉄路線図

Sample

A: ソウル駅から新村(シンチョン)に行くには、どう行けばいいですか?

B: まず、ここから1号線でひと駅目の市庁駅(シチョン)で降りてください。
そこで、2号線に乗り換えれば、4駅目が新村駅ですよ。

Vocabulary

目的地(もくてきち):＿＿＿＿＿＿　行き方(ゆきかた):＿＿＿＿＿＿　～駅目(えきめ):＿＿＿＿＿＿

UNIT4 旅行 51

Writing

日本人の友達が、韓国に旅行に来ることになりました。下のサンプルを参考(さんこう)にして、おすすめの場所(ばしょ)を紹介してください。

Sample

<u>まず、おすすめしたいのは、</u>東大門(トンデムン)市場(いちば)です。

韓国で一番大きなファッションタウンで、たくさんのお店やファッションビルが立(た)ち並(なら)んでいます。それに、ほとんどのお店は夜通(よどお)し営業(えいぎょう)しているので、時間を気にしないで買い物を楽しむことができます。

<u>次におすすめなのは、</u>仁寺洞(インサドン)です。ここには伝統工芸品(でんとうこうげいひん)や、伝統茶のお店などがあって、韓国らしい雰囲気(ふんいき)を味(あじ)わうことができます。

★ あなたのおすすめの場所はどこですか。

Vocabulary

まず: _____   おすすめする: _____   市場(いちば): _____   立ち並ぶ(たならぶ): _____
夜通し(よどおし): _____   営業(えいぎょう): _____   伝統工芸品(でんとうこうげいひん): _____   味わう(あじわう): _____

Theme Talk

⭐ 次のテーマについて話してみましょう。

Q1: 今までで一番楽しかった旅行について話してください。
_____

Q2: 旅行先(りょこうさき)での失敗談(しっぱいだん)はありますか。
_____

Q3: 旅行に行ってきた人から、どんなお土産(みやげ)をもらいましたか。
_____

Q4: 今、一番行きたい所(ところ)はどこですか。そこで何をしたいですか。
_____

Q5: あなたはお土産にどんなものをよく買いますか。
_____

vocabulary

旅行先(りょこうさき): _____   失敗談(しっぱいだん): _____

⭐ いっしょに歌ってみましょう。

おしりかじり虫

1.
おしりかじり虫
おしりかじり虫
かじってかじってかじってナンボ
かじってナンボの商売だ

2.
おしりかじり虫
おしりかじり虫
おしりとおしりでお知り合い
カバとカバとでかばい合い

3.
おしりかじり虫
おしりかじり虫
かじり稼業は歯が命
虫歯になったら命取り

4.
おしりかじり虫
おしりかじり虫
ちぢんだおしりをかじり虫
「かじられちゃって超いい感じ」

Vocabulary

おしり:＿＿＿＿＿ かじる:＿＿＿＿＿ ナンボ:＿＿＿＿＿ 商売:＿＿＿＿＿
(お)知り合い:＿＿＿＿＿ カバ:＿＿＿＿＿ かばい合い:＿＿＿＿＿ 稼業:＿＿＿＿＿
命:＿＿＿＿＿ 虫歯:＿＿＿＿＿ 命取り:＿＿＿＿＿ ちぢむ:＿＿＿＿＿
超〜:＿＿＿＿＿ 感じ:＿＿＿＿＿

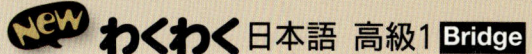

UNIT 5
病気・怪我(けが)

Lesson Plan 🎧 13〜15

・病気の症状(しょうじょう)を説明する

Key Words
・〜気味(ぎみ)
・〜がち
・症状(しょうじょう)を表(あら)わす擬態語(ぎたいご)

病気・怪我

🎧 13

① 最近、残業が続いて**寝不足気味**です。
② **風邪気味**で、食欲もありません。
③ この頃**病気がち**で、まともに仕事ができません。
④ 野菜が**不足しがち**です。
⑤ なんだか**ぞくぞく**寒気がするな。
⑥ たまに胃が**ちくちく**痛むんです。

⭐ 質問に答えてみましょう。

Q1: 最近、いつ病院へ行きましたか。その理由は何ですか。
_____

Q2: あなたが病院を選ぶ基準は何ですか。
_____

Vocabulary

寝不足:_____　食欲:_____　まともに:_____　不足する:_____　ぞくぞく:_____
寒気がする:_____　たまに:_____　胃:_____　ちくちく:_____　痛む:_____

Check point

① N/V-ます + 気味：そういう様子である。そういう傾向にある。
① 今朝から、下痢気味なんです。
② 最近、ちょっと太り気味なの、真剣にダイエットを考えています。
③ 疲れ気味で、意欲が出ません。

② N/V-ます + がち：そうなりやすい。よく～する。
① 曇りがちの毎日で、気分まで憂うつになってしまう。
② 事故に遭ってからは、こもりがちなんです。
③ 年を取ると、いろんなことを忘れてしまいがちになるのよ。

③ 症状を表わす擬態語
① 指の切り傷がずきずきする。
② 二日酔いで、胸がむかむかする。
③ 頭はがんがん痛むし、微熱もあるし、最悪です。

Vocabulary

下痢：_____　　真剣だ：_____　　意欲が出る：_____
曇り：_____　　憂うつだ：_____　事故に遭う：_____
こもる：_____　　切り傷：_____　　ずきずき：_____
二日酔い：_____　　むかむか：_____　　がんがん：_____
微熱：_____　　最悪だ：_____

UNIT5 病気・怪我

Excercise

1 次の文を「～がち」の形に変えてみましょう。

① 受験勉強でよく夜更かしする。
→ _____

② 先生が厳しくないので、宿題をよくさぼる。
→ _____

③ 彼は、近頃落ち込みやすい。
→ _____

④ うちの子がよく病気になるので、心配です。
→ _____

2 ▢ の中から選んで、文を作ってみましょう。

> ・風邪気味　　・疲れ気味　　・貧血気味
> ・太り気味　　・遅れ気味

① _____
② _____
③ _____

3 (　) の中から、適当な言葉を選んでください。
① 二日酔いで、頭が (a. ぞくぞく　b. がんがん) します。
② 麻酔が切れて、傷口が (a. ずきずき　b. むかむか) 痛む。
③ 胃の辺りが (a. むかむか　b. ちくちく) 痛みます。

Vocabulary

夜更かしする: ＿＿＿　さぼる: ＿＿＿　落ち込む: ＿＿＿　心配だ: ＿＿＿
貧血: ＿＿＿　麻酔が切れる: ＿＿＿　傷口: ＿＿＿　～辺り: ＿＿＿

Dialogue

医者：どうしましたか。
患者：なんとなく体がだるくて、胃がきりきり痛むんです。
医者：睡眠はちゃんと取っていますか。
患者：最近、残業が続いて寝不足気味です。
医者：そうですか……。食事はバランスよく摂っていますか。
患者：いや、食生活は乱れがちです。
医者：ストレスによる胃炎ですから、無理しないでください。

⭐ 質問に答えてみましょう。

Q1: この人は、なぜ病院に来ましたか。症状を言ってください。
_____

Q2: 寝不足の理由は何ですか。
_____

Q3: この人の食生活はどうですか。
_____

Q4: 病名は何ですか。
_____

Vocabulary

| だるい: _____ | きりきり: _____ | 睡眠: _____ | バランス: _____ | 摂る: _____ |
| 乱れる: _____ | ～による: _____ | 胃炎: _____ | 症状: _____ | 病名: _____ |

Listening

🎧 15

★ 内容をよく聞いて、質問に答えてみましょう。

Q1: 女の人は、どんな症状ですか。
_____

Q2: 熱は何度ですか。
_____

Q3: 病名は何ですか。
_____

Q4: 女の人は、どうすればいいですか。
_____

Vocabulary

せき:_____ 計る:_____ のど:_____
腫れる:_____ インフルエンザ:_____

Pair work

★ 病気や怪我に関する表現を覚えてみましょう。

1: 病名

- 風邪
- インフルエンザ
- 胃炎
- 胃かいよう
- 盲腸
- 腸炎
- 食中毒
- 糖尿病
- 貧血
- 高血圧
- 低血圧

2: 症状

部位	症状			
頭	・頭痛がする ・がんがんする	・めまいがする ・くらくらする	・熱が出る	・ずきずきする
喉	・へんとう腺が腫れる ・くしゃみ	・声がかすれる	・せき	
鼻	・鼻血	・鼻がつまる	・鼻水が出る	
歯	・虫歯	・親知らず	・ずきずきする	
胃・腸	・下痢	・便秘	・むかむかする	・きりきりする
骨	・骨折	・ねんざ	・ひびが入る	
皮膚	・すり傷 ・火傷 ・炎症を起こす	・切り傷 ・水膨れ ・ちくちくする	・吹き出物 ・水虫 ・ひりひりする	・ニキビ ・腫れる

UNIT5 病気・怪我

Pair work

3: 処方(しょほう)
- 薬を出(だ)す
- 注射(ちゅうしゃ)をする
- 入院(にゅういん)する
- レントゲンを撮(と)る
- シップをする
- ギブスをする
- 手術(しゅじゅつ)をする

⭐ 医者(いしゃ)と患者(かんじゃ)になって、診断(しんだん)を受(う)けてみましょう。

医者：どうしましたか。

患者：＿＿＿＿＿＿＿＿＿＿＿＿＿＿＿＿＿＿＿＿＿＿＿＿＿＿＿＿＿

医者：それは＿＿＿＿＿＿＿＿＿＿＿＿＿＿＿＿＿＿＿＿＿ですね。

＿＿＿＿＿＿＿＿＿＿＿＿＿＿＿＿＿＿＿＿＿＿＿＿＿＿＿＿＿。

では、お大事(だいじ)に。

患者：ありがとうございます。

Theme Talk

⭐ 次のテーマについて話してみましょう。

Q1: 大きな病気や怪我をしたことがありますか。
_____

Q2: 風邪を引いたら、どうやって治しますか。
_____

Q3: 家庭でできる民間療法にはどんなものがありますか。
_____

Q4: 健康のために気をつけていることはありますか。
_____

Q5: 花粉症の症状について話してみましょう。
_____

Vocabulary

治す:_____ 民間療法:_____ 花粉症:_____

UNIT5 病気・怪我

いっしょに歌ってみましょう。

犬のおまわりさん

1.
まいごのまいご　こねこちゃん
あなたのおうちは　どこですか
おうちをきいても　わからない
なまえをきいても　わからない
ニャンニャン　ニャニャーン
ニャンニャン　ニャニャーン
ないてばかりいる　こねこちゃん
いぬのおまわりさん　こまってしまって
ワンワンワンワーン　ワンワンワンワーン

2.
まいごのまいご　こねこちゃん
このこのおうちは　どこですか
からすにきいても　わからない
すずめにきいても　わからない
ニャンニャン　ニャニャーン
ニャンニャン　ニャニャーン
ないてばかりいる　こねこちゃん
いぬのおまわりさん　こまってしまって
ワンワンワンワーン　ワンワンワンワーン

Vocabulary

迷子（まいご）:＿＿＿＿　お巡り（まわ）りさん:＿＿＿＿　からす:＿＿＿＿　すずめ:＿＿＿＿

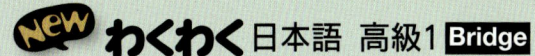

UNIT 6
噂・口コミ

Lesson Plan 🎧 16〜18

・噂や口コミなどで聞いた内容について話す

🔑 Key Words
・〜に限って
・〜とは限らない
・〜限り

噂・口コミ

🎧 16

① あの人に限って、そんなことをするはずがありません。
② そんな奴に限って、裏で何をやってるか分からない。
③ 評判がいいからといって、おもしろいとは限らないからね。
④ 見た目と実際の姿が同じ(だ)とは限りませんよ。
⑤ 意地を張っている限り、話し合いは無理でしょう。
⑥ 全てが明らかにならない限り、信用できません。

★ 質問に答えてみましょう。

Q1: 最近、芸能人などの噂を聞いたことがありますか。
_____

Q2: 物を買ったりお店に行くとき、口コミを参考にしますか。
_____

Vocabulary

裏：_____　評判：_____　姿：_____　意地を張る：_____
全て：_____　明らかだ：_____　信用する：_____　口コミ：_____

Check point

1 N + に限って：〜の場合だけは。
① うちの息子に限って、そんな悪いことをするはずがありません。
② 文句ばかり言う人に限って、自分は努力していない人が多い。

2 普通形 + とは限らない：〜というのが、いつも正しいとは言えない。

> ＊N / ナAの語幹 + (だ)とは限らない

① 双子だからといって、誕生日が一緒(だ)とは限りません。
② 無愛想な顔をしているからといって、不親切(だ)とは限らない。
③ 高いからといって、品物の質がいいとは限らない。
④ いい大学を出ていても、必ず成功するとは限りません。

3 V・普通形 + 限り：範囲
① 彼のような政治家がいる限り、この国は良くならない。
② あの人がきちんと謝らない限り、許すつもりはありません。
③ そんなふうに考えている限り、出世は無理だね。

Vocabulary

文句を言う：＿＿＿＿＿＿ 努力する：＿＿＿＿＿＿ 双子：＿＿＿＿＿＿
無愛想だ：＿＿＿＿＿＿ 質：＿＿＿＿＿＿ 成功する：＿＿＿＿＿＿
謝る：＿＿＿＿＿＿ 許す：＿＿＿＿＿＿ 出世：＿＿＿＿＿＿

UNIT6 噂・口コミ 67

Excercise

1 「〜に限って」の後に続く文を考えてみましょう。

> 例 傘を持って出かけた日に限って、雨が降らない。

① ハンサムな男の人に限って、_____

② お金持ちに限って、_____

③ あの人にかぎって、_____はずがありません。

2 内容が合うものを、線で結びましょう。

① 留学をしたからといって　・　　　・力が強いとは限らない。

② 太っているから　　　　　・　　　・全て本当だとは限らない。

③ 男が皆　　　　　　　　　・　　　・日本語がよくできるとは限らない。

④ 新聞の内容が　　　　　　・　　　・スポーツが苦手だとは限らない。

3 内容が合うものを、線で結びましょう。

① 諦めない限り　　　　　　　・　　　・この会社で働くつもりです。

② 父が許してくれない限り　　・　　　・夢は叶います。

③ クビにならない限り　　　　・　　　・あなたと結婚することはできません。

Vocabulary

苦手だ：_____　　叶う：_____　　クビになる：_____

Dialogue

🎧 17

山下：お昼のニュース、聞きましたか。
田中：どんなニュースですか。
山下：俳優の平松さん、麻薬の容疑で捕まったらしいですよ。
田中：えっ、うそでしょ？　あのまじめそうな平松さんに限って、そんなことをするはずはないですよ。
山下：でも、テレビのイメージと、実際の姿が同じとは限りませんよ。
田中：真実が明らかにならない限り、私は信じません。

⭐ 質問に答えてみましょう。

Q1: お昼のニュースは、どんな内容ですか。
_____

Q2: 田中さんはその話を信じましたか。
_____

Q3: 平松さんは、どんな理由で疑われていますか。
_____

Vocabulary

俳優：_____　　麻薬：_____　　容疑：_____
捕まる：_____　真実：_____　　疑う：_____

Listening

🎧 18

★ 内容をよく聞いて、質問に答えてみましょう。

Q1: かばんをどこで買いましたか。
_____

Q2: かばんはいくらですか。
_____

Q3: 買うことにした理由は何ですか。
_____

Q4: その話を聞いて、友達はどう思いましたか。
_____

Vocabulary

ネット:_____ 実物:_____ 違う:_____

評価:_____ もともと:_____ オフ:_____

超～:_____ 秘密:_____ 急に:_____

Pair work

★ 記者とアイドル歌手になって、日本デビューを発表する記者会見をしてみましょう。

① 人数が多い場合は、数人で「アイドルグループ」を作りましょう。その時は、グループ名も考えてください。

② グループの場合は一人ひとりのコンセプトも明確にしてください。

> 例　笑顔が一番かわいい○○です。

③ プロフィールなどは、嘘をついても構いません。

④ 記者の人は、携帯で写真を撮ったりしながら、インタビューしてみましょう。

Sample

A: 日本のみなさん、こんにちは。韓国から来た○○です。よろしくお願いします。

B: 読売スポーツの△△です。○○さんは、恋人がいるという噂がありますが、本当ですか?

Vocabulary

デビュー: ＿＿＿　明確にする: ＿＿＿　笑顔: ＿＿＿　プロフィール: ＿＿＿　嘘をつく: ＿＿＿

UNIT6 噂・口コミ

Theme Talk

★ 次のテーマについて話してみましょう。

Q1: 噂話(うわさばなし)をよくしますか。

Q2: 物を買う時やレストランなどを選ぶとき、噂(うわさ)や口コミなどを参考(さんこう)にしますか。

Q3: 今通(かよ)っている日本語学校を選(えら)ぶ時に、何を参考にしましたか。

Q4: ネット上(じょう)の口コミは信(しん)じられると思いますか。その理由は何ですか。

Q5: インターネットの実名制(じつめいせい)について、どう思いますか。

---

vocabulary

噂話(うわさばなし): ＿＿＿＿＿＿＿＿＿＿   通(かよ)う: ＿＿＿＿＿＿＿＿＿＿   実名制(じつめいせい): ＿＿＿＿＿＿＿＿＿＿

Take a Break

★ あなたの精神年齢は？

1 一日中暇なのはがまんできない。 Yes → 4 No → 2	**2** 勝負に負けるととても悔しい。 Yes → 3 No → 5	**3** 子供が泣いたりうるさいとイライラする。 Yes → 6 No → 5	**4** 食べ物の好き嫌いが多い。 Yes → 6 No → 3
5 悪口を言われると許せない。 Yes → 9 No → 12	**6** イライラすると、物に八つ当たりする。 Yes → 8 No → 9	**7** 家にいる時はテレビをずっとつけている。 Yes → 14 No → 13	**8** ほしい物はすぐ買う。がまんできない。 Yes → 15 No → 7
9 ホラー映画が好きだ。 Yes → 7 No → 10	**10** ドラマでも、親と同じ年代の人のラブストーリーは見たくない。 Yes → 13 No → 17	**11** 人に何を言われても、あまり感情的にならない。 Yes → 20 No → 17	**12** 自分が人にしてあげたことより、人にしてもらったことの方が多い。 Yes → 11 No → 10
13 最近の漫画やアニメはつまらない。 Yes → 16 No → 18	**14** 座ったまま、集中できるのは30分までだ。 Yes → 19 No → 18	**15** 自分より弱そうな人を見るといじめたくなる。 Yes → 19 No → 14	**16** 偉い人や、目上の人に反発したくなる。 Yes → Cタイプ No → Dタイプ
17 自分は知らないことが多いと思う。 Yes → 20 No → 16	**18** 大人は信用できない。 Yes → Cタイプ No → Bタイプ	**19** 口ゲンカでは絶対負けたくない。 Yes → Aタイプ No → Bタイプ	**20** 自分が生きていることに感謝したくなることがある。 Yes → Eタイプ No → Dタイプ

vocabulary

精神年齢：＿＿＿＿　　我慢する：＿＿＿＿　　勝負：＿＿＿＿　　イライラする：＿＿＿＿
好き嫌い：＿＿＿＿　　悪口：＿＿＿＿　　八つ当たりする：＿＿＿＿　　いじめる：＿＿＿＿
偉い：＿＿＿＿　　目上：＿＿＿＿　　反発する：＿＿＿＿　　口ゲンカ：＿＿＿＿

Take a Break

あなたの精神年齢（せいしんねんれい）は？

- Aタイプ ……▶ ・幼児（ようじ）
- Bタイプ ……▶ ・小学生
- Cタイプ ……▶ ・思春期（ししゅんき）
- Dタイプ ……▶ ・成人（せいじん）
- Eタイプ ……▶ ・老人（ろうじん）

vocabulary

幼児（ようじ）: _____　　思春期（ししゅんき）: _____　　成人（せいじん）: _____

老人（ろうじん）: _____

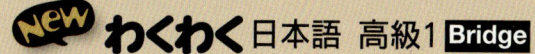

UNIT 7

トラブル

Lesson Plan 🎧 19〜21
・状況(じょうきょう)の説明(せつめい)と対処(たいしょ)

🔑 Key Words
・〜上(うえ)(に)
・〜する上で
・〜した上で
・〜ようがない
・〜しかない

Warming up

トラブル

🎧 19

1. 雪が降った上に、道まで凍っていて、ものすごい渋滞でした。
2. これは工事を進めていく上で、大きな障害になります。
3. 検討した上で、もう一度話し合うということにしましょう。
4. 原因が分からないから、直しようがないんですよ。
5. 携帯もないので、連絡しようがありません。
6. こうなったら、二人でやるしかないでしょう。

⭐ 質問に答えてみましょう。

Q1: 悪天候のため、飛行機や電車が遅れたり、止まったりしたことがありますか。その時、あなたはどうしましたか。

_____

Q2: あなたはトラブルにあった時、冷静ですか。それとも慌てますか。

_____

Vocabulary

凍る：_____　渋滞：_____　進める：_____　障害：_____　検討する：_____

原因：_____　直す：_____　悪天：_____　冷静だ：_____　慌てる：_____

Check point

1 〜上(に)：それに。それに加えて。

> N + の / である + 上(に)
> ナA・語幹 + な / である + 上(に)
> イA / V・基本形 / イA–た / V–た + 上(に)

① 今日は、零下の上(に)風まで強くて、もっと寒く感じますね。
② この機械は丈夫な上(に)、組み立ても簡単だ。
③ 燃費が悪い上(に)騒音も激しいんだよ。
④ 財布を落とした上(に)、携帯まで失くしてしまった。

2 V・基本形 + 上で：〜する場合。〜する過程の中で。

① これを実行する上で、いくつか注意点があります。
② 仕事を選ぶ上で、何が一番重要でしょうか。

3 V–た + 上で：まず〜してから。

① 事故現場を見た上で、話し合いましょう。
② ちゃんと確認した上で、決めることにしましょう。

4 V–ます + ようがない：どんな方法を取ってもできない。

① 今となっては、手のつけようがない。
② 今度ばかりは、彼も言い訳のしようがないでしょうね。

5 V・基本形 + しかない：その他に方法がない。

① こうなったら、走っていくしかないね。
② 現金がないので、カードで払うしかありません。

Vocabulary

零下：＿＿＿　組み立て：＿＿＿　燃費：＿＿＿　騒音：＿＿＿　激しい：＿＿＿
失くす：＿＿＿　注意点：＿＿＿　事故現場：＿＿＿　手をつける：＿＿＿　言い訳：＿＿＿

UNIT7 トラブル 77

Excercise

1 「〜上に」「〜上で」を使って、文を完成してみましょう。
① 値段を(確認する)＿＿＿＿＿＿＿＿＿＿＿＿＿＿、買うかどうか決めるつもりです。
② 時間が(ない)＿＿＿＿＿＿＿＿＿＿＿＿＿＿＿＿＿＿、人手不足なんですよ。
③ これはトラブルを事前に(防ぐ)＿＿＿＿＿＿＿＿＿＿＿＿＿＿の対処法です。
④ もっとよく(調べる)＿＿＿＿＿＿＿＿＿＿＿＿＿＿、判断した方がいいですよ。
⑤ 韓国人が日本語を(勉強する)＿＿＿＿＿＿＿＿＿＿、一番難しいのは何でしょうか。
⑥ 事業に(失敗する)＿＿＿＿＿＿＿＿＿＿＿＿＿＿、病気で入院しているらしいです。

2 「〜ようがない」を使って、文を完成してみましょう。
① こんなに壊れていたら、(直す)＿＿＿＿＿＿＿＿＿＿＿＿＿＿＿＿＿＿＿＿＿＿
② 両国の関係は(修復する)＿＿＿＿＿＿＿＿＿＿＿＿＿＿＿＿＿＿＿＿＿＿＿＿

3 「〜しかない」を使って文を完成してみましょう。
① お金がない時は、＿＿＿＿＿＿＿＿＿＿＿＿＿＿＿＿＿＿＿＿＿＿＿＿＿＿
② 終電に乗り遅れたので、＿＿＿＿＿＿＿＿＿＿＿＿＿＿＿＿＿＿＿＿＿＿＿

Vocabulary

人手不足:＿＿＿＿＿＿　　防ぐ:＿＿＿＿＿＿＿　　対処法:＿＿＿＿＿＿
調べる:＿＿＿＿＿＿＿　　判断する:＿＿＿＿＿＿　　失敗する:＿＿＿＿＿＿
壊れる:＿＿＿＿＿＿＿　　修復する:＿＿＿＿＿＿　　終電:＿＿＿＿＿＿＿
乗り遅れる:＿＿＿＿＿＿

Dialogue

🎧 20

小林: もしもし、金さんですか。
金　: あ、小林さん、どうしたんですか？もう着いたんですか。
小林: いや、まだ空港なんですが、雪が降った上に、風が強くて、飛行機が欠航になったんです。
金　: それは大変ですね……。それじゃあ、こちらに来ようがないですね。
小林: 船は大丈夫みたいですから、こうなったら船で行くしかないと思います。とりあえず、チケットがあるかどうか確認した上で、また連絡します。

⭐ 質問に答えてみましょう。

Q1: 小林さんは、どこにいますか。
　　_____

Q2: どうして飛行機が欠航になりましたか。
　　_____

Q3: 小林さんは、これからどうしますか。
　　_____

Vocabulary

欠航:_____　　　とりあえず:_____

UNIT7 トラブル

Listening

🎧 21

★ 内容をよく聞いて、質問に答えてみましょう。

Q1: どこに電話しましたか。
_____

Q2: 住所はどこですか。
_____

Q3: どんな状況ですか。
_____

Q4: 女の人は、どうすればいいですか。
_____

vocabulary

警察署(けいさつしょ):_____   ～丁目(ちょうめ):_____   ～番地(ばんち):_____

状況(じょうきょう):_____   たたく:_____   絶対に(ぜったいに):_____

Pair work

★ 警察と通報する人になって、電話で話してみましょう。警察の人は、場所と状況を詳しく聞いて、正しい指示をしてください。

① 場所: 新村(シンチョン)の居酒屋
   状況: 男二人がケンカしている。酔っぱらっているようで、一人が怪我をした。

② 場所: 公園
   状況: 4歳ぐらいの女の子が泣いている。迷子になったようだ。

③ 場所: 漢江(ハンガン)
   状況: おじいさんが溺れている。

Sample

A: はい。○○警察署です。
B: すみません。ここは新村(シンチョン)にある居酒屋なんですけど、男の人二人がけんかしています。早く来てください。
A: どういう状況ですか。
B: 酔っぱらっているみたいで、一人は怪我をしています。
A: わかりました。すぐに行きますから、落ち着いてください。

Vocabulary

通報する: _____ 詳しい: _____ 正しい: _____ 指示: _____ 酔っぱらう: _____
迷子: _____ 溺れる: _____

Theme Talk

⭐ 次のテーマについて話してみましょう。

Q1: 警察に通報したことはありますか。それはどんな状況でしたか。
_____

Q2: 自分や友達が経験したり目撃したトラブルには、どんなことがありますか。
_____

Q3: あなたの住んでいる地域で、一番危ない場所はどこですか。
_____

Q4: 目の前で、おばあさんがひったくりの被害に遭ったらどうしますか。
_____

Vocabulary

目撃する:_____   地域:_____   危ない:_____

ひったくり:_____   被害に遭う:_____

心理テスト

Q1: あなたは今車に乗っています。誰とどんな道を走っていますか。
_____

Q2: しばらくすると、隣に一台の車が近寄ってきました。
それはどんな車ですか。あなたはどう対処しますか。
_____

Q3: やがて「目的地まであと半分」という標識が見えました。その時の感想は。
_____

Q4: ようやく目的地に到着しました。それはどこで、どんな所ですか。
_____

Vocabulary

しばらくすると：_____　近寄る：_____　対処する：_____
やがて：_____　半分：_____　標識：_____
感想：_____　ようやく：_____

Take a Break

心理テストの結果

Q1 これからの人生と、そのパートナー。

Q2 ライバルになる人のイメージと、その人との付き合い方。

Q3 今まで生きてきた感想。

Q4 あなたの人生の最後の様子。

vocabulary

人生:＿＿＿＿＿＿　パートナー:＿＿＿＿＿＿　ライバル:＿＿＿＿＿＿

イメージ:＿＿＿＿＿＿　付き合い方:＿＿＿＿＿＿　生きる:＿＿＿＿＿＿

最後:＿＿＿＿＿＿　様子:＿＿＿＿＿＿

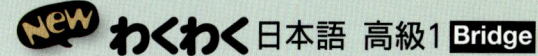

UNIT 8

社会問題

Lesson Plan 🎧 22〜24

・原因と結果について話す

🔑 Key Words
・〜によって
・〜に伴って
・〜にしたがって

社会問題

🎧 22

① 医学の発展によって平均寿命が延びました。
② 原発事故によってすさまじい被害が出た。
③ 科学の進歩に伴って、人々の生活はよくなってきた。
④ 女性の社会進出に伴って、出産率は低下した。
⑤ 世の中が便利になるにしたがって、何でも機械に頼ってしまう。
⑥ 高齢化が進むにしたがって、ライフスタイルも大きく変わってきている。

⭐ 質問に答えてみましょう。

Q1: 最近、気になるニュースは何ですか。
_____

Q2: あなたの情報源は何ですか。
_____

Vocabulary

| 平均寿命: _____ | 延びる: _____ | 原発: _____ | すさまじい: _____ | 出産率: _____ |
| 低下する: _____ | 頼る: _____ | 高齢化: _____ | 情報源: _____ | |

Check point

1 N + によって：原因
① この地域は、地震によって深刻な被害を受けた。
② 長引く不況によって、節約志向が高まっている。
③ いじめによって自殺する子供が増えています。

2 N + に伴って：～すると、それに応じて～。
① 失業率の増加に伴って、景気が悪化している。
② 市長の辞職に伴って、大々的な人事異動が予想される。
③ 取り締まり強化に伴って、飲酒運転による事故は確かに減った。

3 V・基本形 + にしたがって：～が変化すると、…の変化も起こる。
① 納期が近づくにしたがって、だんだん不安になった。
② 年を取るにしたがって、目が悪くなるのは仕方がない。
③ 晩婚化が進むにしたがって、少子化も進んでいる。

Vocabulary

地域：_____　　地震：_____　　深刻だ：_____
長引く：_____　　不況：_____　　節約志向：_____
いじめ：_____　　自殺する：_____　　失業率：_____
増加：_____　　辞職：_____　　人事異動：_____
取り締まり：_____　　飲酒運転：_____　　減る：_____
納期：_____　　近づく：_____　　晩婚化：_____
少子化：_____

UNIT8 社会問題

Excercise

1 「〜によって」を使って、文を完成してみましょう。
　① たばこの値上げによって、喫煙者＿＿＿＿＿＿＿＿＿＿＿＿＿＿＿＿＿＿
　　＿＿＿＿＿＿＿＿＿＿＿＿＿＿＿＿＿＿＿＿＿＿＿＿＿＿＿＿＿＿＿＿＿＿。

　② 毎年、交通事故によって、多くの人が＿＿＿＿＿＿＿＿＿＿＿＿＿＿＿＿
　　＿＿＿＿＿＿＿＿＿＿＿＿＿＿＿＿＿＿＿＿＿＿＿＿＿＿＿＿＿＿＿＿＿＿。

　③ 今回の地震によって、＿＿＿＿＿＿＿＿＿＿＿＿＿＿＿＿＿＿＿＿＿＿＿。

2 「〜に伴って」を使って、文を完成してみましょう。
　① 円高に伴って、海外からの観光客が＿＿＿＿＿＿＿＿＿＿＿＿＿＿＿＿
　　＿＿＿＿＿＿＿＿＿＿＿＿＿＿＿＿＿＿＿＿＿＿＿＿＿＿＿＿＿＿＿＿＿＿。

　② 地球温暖化に伴って、＿＿＿＿＿＿＿＿＿＿＿＿＿＿＿＿＿＿＿＿＿＿
　　＿＿＿＿＿＿＿＿＿＿＿＿＿＿＿＿＿＿＿＿＿＿＿＿＿＿＿＿＿＿＿＿＿＿。

3 「〜にしたがって」を使って、文を完成してみましょう。
　① 発表の順番が近づくにしたがって、＿＿＿＿＿＿＿＿＿＿＿＿＿＿＿＿
　　＿＿＿＿＿＿＿＿＿＿＿＿＿＿＿＿＿＿＿＿＿＿＿＿＿＿＿＿＿＿＿＿＿＿。

　② 日本語を勉強するにしたがって、＿＿＿＿＿＿＿＿＿＿＿＿＿＿＿＿＿
　　＿＿＿＿＿＿＿＿＿＿＿＿＿＿＿＿＿＿＿＿＿＿＿＿＿＿＿＿＿＿＿＿＿＿。

Vocabulary
値上げ:＿＿＿＿＿＿　　喫煙者:＿＿＿＿＿＿　　円高:＿＿＿＿＿＿
地球温暖化:＿＿＿＿＿　順番:＿＿＿＿＿＿

Dialogue

筑紫：鳥越さんが一番深刻だと思う社会問題は何ですか。
鳥越：少子高齢化です。医学の発展や食糧事情の改善によって寿命が延びたのはいいことですが、出生率が低すぎますよ。
筑紫：そうですね。私が問題だと思うのは、都市化やIT化に伴って、人間関係が希薄になっていることです。「孤独死」などはそのいい例でしょうね。
鳥越：重要な指摘ですね。世の中が便利になるにしたがって、何でも機械任せになって、人間同士のコミュニケーションが減っている気がします。

⭐ 質問に答えてみましょう。

Q1: 鳥越さんが一番深刻だと思っている社会問題は何ですか。またその原因は何ですか。
_____

Q2: 筑紫さんはどう思っていますか。
_____

Q3: 世の中が便利になるにしたがって、どう変わっていますか。
_____

Vocabulary

食糧事情：_____ 改善：_____ 出生率：_____ 希薄だ：_____
孤独死：_____ 指摘：_____ ～任せ：_____ ～同士：_____

Listening

🎧 24

⭐ 内容をよく聞いて、質問に答えてみましょう。

Q1: 男の人の娘さんは、成長するにしたがって、どう変わりましたか。
_____

Q2: その変化の原因は、何ですか。
_____

Q3: 男の人は、なぜ心配していますか。
_____

Q4: 男の人が、これからも態度を変えない理由は何ですか。
_____

Vocabulary

助かる: _____　　成長する: _____　　口を利く: _____

反抗期: _____　　叱る: _____　　治安: _____

守る: _____　　役目: _____　　気を落とす: _____

態度: _____

Writing

★ 世の中を良くするために、法律(ほうりつ)を考えてみましょう。また、その法律を作った理由(りゆう)や、違反(いはん)した場合(ばあい)の罰則(ばっそく)について発表(はっぴょう)してみましょう。

🗝 **Key Words**

・懲役(ちょうえき)　・罰金(ばっきん)　・終身刑(しゅうしんけい)　・死刑(しけい)　・執行猶予(しっこうゆうよ)

Theme Talk

⭐ 次のテーマについて話してみましょう。

Q1: あなたが深刻(しんこく)だと思う社会問題は何ですか。
___

Q2: その問題を解決(かいけつ)するために、どうすればいいと思いますか。
___

Q3: ボランティア活動(かつどう)に参加(さんか)したことはありますか。
___

Q4: 環境保護(かんきょうほご)のために、何か気をつけていることはありますか。
___

Vocabulary

解決(かいけつ)する:＿＿＿＿＿＿　　環境保護(かんきょうほご):＿＿＿＿＿＿

★ 心理テスト

あなたは、魔法の森で、魔法使いに次のような4つの贈り物をもらいました。しかし、魔法の森には、お化けが住んでいて、森を抜けるためには、道を進むにしたがって、その贈り物を一つずつ、お化けにあげなければいけません。

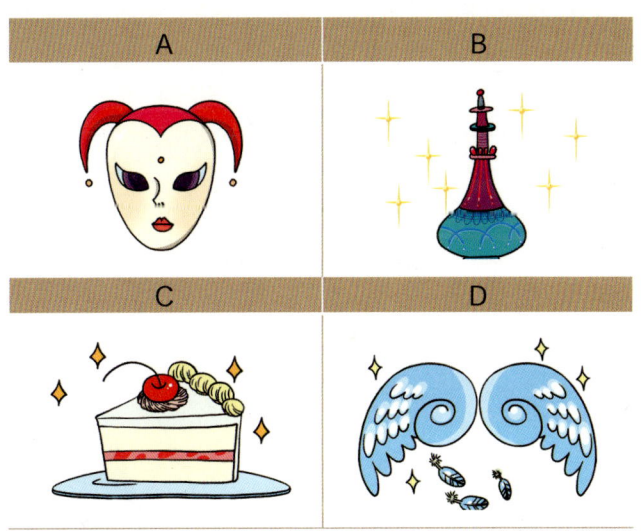

あなたはどの順番でお化けにあげますか。そして、最後まであげたくないものは何ですか。

- **A:** 魔法の仮面
- **B:** 魔法の壷
- **C:** 魔法のケーキ
- **D:** 魔法の羽

vocabulary

魔法使い:＿＿＿＿　贈り物:＿＿＿＿　お化け:＿＿＿＿　抜ける:＿＿＿＿
仮面:＿＿＿＿　壷:＿＿＿＿　羽:＿＿＿＿

UNIT8 社会問題

心理テストの結果

4つの贈り物はあなたが大切にしているものを表わす。最後まであげたくないものが、一番大切に思っているもの。

A 魔法の仮面：プライド

B 魔法の壺：お金

C 魔法のケーキ：愛

D 魔法の羽：自由

Vocabulary

大切だ：＿＿＿＿＿＿　プライド：＿＿＿＿＿＿　愛：＿＿＿＿＿＿

自由：＿＿＿＿＿＿

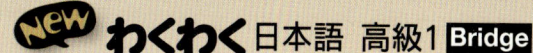

UNIT 9

敬語①

Lesson Plan 🎧 25～27

・尊敬と謙譲表現を学ぶ

Key Words
- ～でございます
- ～でいらっしゃいます
- お(ご)～する(いたす)
- お(ご)～になる
- お(ご)～ください

敬語①

🎧 25

1. お客様のお部屋は5階でございます。
2. お一人様でいらっしゃいますか。
3. お荷物は係りの者がお持ちいたします。
4. おたばこはお吸いになりますか。
5. すぐお調べいたしますので、少々お待ちください。
6. では、6時にご連絡ください。お待ちしています。

⭐ 質問に答えてみましょう。

Q1: お父さんやお母さんに、敬語を使っていますか。
_____

Q2: 何歳差までなら、友達になれますか。
_____

Vocabulary

係りの者：_____　少々：_____　敬語：_____　〜差：_____

Check point

1 N + でございます：謙譲
　N + でいらっしゃいます：尊敬
　① 入り口はあちらでございます。
　② 失礼ですが、どちら様でいらっしゃいますか。
　③ 奥様はお元気でいらっしゃいますか。

2 お(ご) + N + する(いたす)：謙譲
　お + V-ます + する(いたす)：謙譲
　① お部屋までご案内いたします。
　② 9時頃、お電話してもよろしいでしょうか。
　③ すみません、ちょっとお聞きしますけど、駅はあちらですか。

3 ご + N + になる：尊敬
　お + V-ます + になる：尊敬
　① こちらのコンピューターは自由にご利用になれます。
　② 灰皿をお使いになりますか。
　③ どうぞこちらにおかけになってください。

4 ご + N + ください：尊敬
　お + V-ます + ください：尊敬
　＊「〜てください」より、丁寧な言い方。
　① 道が滑りやすくなっていますので、ご注意ください。
　② 申し訳ございませんでした。どうかお許しください。
　③ 皆様、盛大な拍手でもってお迎えください。

Vocabulary

よろしい：＿＿＿　　かける：＿＿＿　　滑る：＿＿＿　　申し訳ない：＿＿＿　　許す：＿＿＿
盛大だ：＿＿＿　　拍手：＿＿＿　　〜でもって：＿＿＿　　迎える：＿＿＿

Excercise

1 合っているものに○をつけてみましょう。

① 会議は、3時から　(a.でいらっしゃいます　b.でございます)。
② あのう、すみませんが、松井先生の奥様　(a.でいらっしゃいますか　b.でございますか)。
③ 三名様、禁煙席のご予約　(a.でございますね　b.でいらっしゃいますね)。

2 次の文を敬語に直してみましょう。

① ここがどこか分かりますか。　→ _____
② 僕があなたを守ります。　→ _____
③ 皆さん、立ってください。　→ _____
④ 確認しますか。　→ _____
⑤ この辺はもう探しましたか。　→ _____
⑥ 傘を貸しましょうか。　→ _____
⑦ ゆっくり過ごしてください。　→ _____
⑧ 何時頃、着きますか。　→ _____
⑨ 一緒に手伝います。　→ _____
⑩ 一度、試してください。　→ _____

Vocabulary

禁煙席: _____　確認する: _____　探す: _____
過ごす: _____　試す: _____

Dialogue

＜ホテルで＞

従業員（じゅうぎょういん）：お電話ありがとうございます。カールトンホテルでございます。
客（きゃく）：あのう、あさってから二泊（にはく）で予約をしたいんですが。
従業員：お一人様でいらっしゃいますか。
客：はい。一人です。
従業員：おたばこはお吸（す）いになりますか。
客：いいえ。禁煙（きんえん）の部屋でお願いします。
従業員：かしこまりました。お調（しら）べいたしますので、少々（しょうしょう）お待ちください。

――――――――――――――――――――――――

従業員：お待たせいたしました。お泊（と）まりになるお客様のお名前とご連絡先をお願いいたします。

★ 質問（しつもん）に答（こた）えてみましょう。

Q1: お客さんは、何名（なんめい）で、何泊（なんぱく）する予定（よてい）ですか。
_____

Q2: お客さんは、たばこを吸（す）いますか。
_____

Vocabulary

～泊（はく）:＿＿＿＿＿　　かしこまる:＿＿＿＿＿　　待（ま）たせる:＿＿＿＿＿　　泊（と）まる:＿＿＿＿＿

UNIT9 敬語① 99

Listening

🎧 27

⭐ 内容をよく聞いて、質問に答えてみましょう。

Q1: 予約したのはいつの何曜日ですか。
_____

Q2: ディナーは何時からで、予約は何時に入れましたか。
_____

Q3: 人数は何人ですか。
_____

Q4: クーポンが使える条件は何ですか。
_____

vocabulary

クーポン:_____　　見つける:_____

Pair work

★ ホテルの従業員とお客さんになって、宿泊の予約をしてみましょう。＜ ＞の部分は、敬語に直してみましょう。

従業員：お電話ありがとうございます。①＜○○ホテルです＞。
客　　：あのう、○○から○泊で予約をしたいんですが。
従業員：ありがとうございます。②＜何人ですか＞。
客　　：○○です。
従業員：たばこは　③＜吸いますか＞。
客　　：○○の部屋でお願いします。
従業員：何時頃　④＜着きますか＞。
客　　：○時です。
従業員：かしこまりました。⑤＜名前＞と　⑥＜電話番号＞をお願いいたします。
客　　：○○です。
従業員：それでは、⑦＜待っています＞。

① ○○ホテルです。　→ _____
② 何人ですか。　　→ _____
③ 吸いますか。　　→ _____
④ 着きますか。　　→ _____
⑤ 名前　　　　　　→ _____
⑥ 電話番号　　　　→ _____
⑦ 待っています。　→ _____

Theme Talk

⭐ 次のテーマについて話してみましょう。

Q1: 従業員の接客態度や応対に関して、気分を悪くした経験はありますか。
_____

Q2: 反対に、感銘を受けたり、感心したことはありますか。
_____

Q3: ホテルを利用する際に、「こんなサービスがあったらいいな」と思うことは何ですか。
_____

Q4: もし、あなたがレストランを経営することになったら、どんな人を採用しますか。
また、どんなサービスを行いますか。
_____

Vocabulary

従業員:_____ 接客態度:_____ 応対:_____
感銘:_____ 感心する:_____ 経営する:_____
採用する:_____ 行う:_____

なぞなぞ

Q1: やせている電話は?
___

Q2: 古(ふる)くなればなるほど、若(わか)くなるものは?
___

Q3: いらない物ばかり集(あつ)めているものは?
___

Q4: 食べないのに、毎日口(い)に入れるものは?
___

Q5: 見る人によって、違(ちが)う物が見えるのは?
___

Vocabulary

なぞなぞ:_____ やせる:_____ いらない:_____

Take a Break

なぞなぞの答え

1. スマートフォン。

2. 写真。(古い写真ほど、若い頃が写っているから。)

3. ごみ箱。

4. 歯ブラシ。または、箸。

5. 鏡。

Vocabulary

スマートフォン:＿＿＿＿＿＿　　～ほど:＿＿＿＿＿＿＿＿　　若い:＿＿＿＿＿＿
写る:＿＿＿＿＿＿＿＿　　　　　ごみ箱:＿＿＿＿＿＿＿＿　　歯ブラシ:＿＿＿＿＿＿
箸:＿＿＿＿＿＿＿＿＿＿　　　　鏡:＿＿＿＿＿＿＿＿＿＿

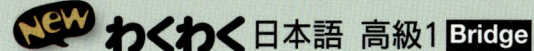

UNIT 10

敬語②

Lesson Plan 🎧 28〜30

・敬語及び敬語表現を身につける

🔑 Key Words

・敬語

・〜(ら)れる

・お〜だ

・お(ご)〜なさる

・〜(さ)せてもらう(いただく)

敬語②

① たくさん召し上がってください。

② こんばんは。今、お帰りですか。

③ ご出発なさる方は、搭乗手続きをお急ぎください。

④ もう新刊を読まれたんですか。

⑤ 少し早めに帰らせてもらってもいいでしょうか。

⑥ 今日から、こちらで働かせていただくことになりました。

⭐ 質問に答えてみましょう。

Q1: ご両親は、礼儀に厳しいですか。
_____

Q2: 韓国語の敬語を正しく使えますか。何が難しいですか。
_____

Vocabulary

搭乗手続き:_____   急ぐ:_____   新刊:_____
礼儀:_____   厳しい:_____

Check point

1 尊敬語と謙譲語

尊敬語		謙譲語
—	会う	お目にかかる
—	ある	ござる
おっしゃる	言う	申す・申し上げる
いらっしゃる	行く	参る・伺う
	いる	おる
～ていらっしゃる	～ている	～ておる
お聞きになる	聞く	伺う
いらっしゃる・おいでになる お越しになる お見えになる	来る	参る
ご存じだ	知る	存じる・存じ上げる
なさる・される	する	いたす
召し上がる	食べる	いただく
	飲む	
～でいらっしゃいます	～です	～でございます
お休みになる・休まれる	寝る	—
ご覧になる	見る	拝見する
—	上げる	差し上げる
くださる	くれる	—
—	もらう	いただく

① A: すみません、橋本先生はいらっしゃいますか。
　 B: はい。おります。少々お待ちください。

② A: 今日はわざわざ遠い所までお越しくださって、ありがとうございます。
　 B: お目にかかりたくて、駆け付けて参りました。

③ A: え？ うちの社長のことをご存じですか。
　 B: ええ。よく存じ上げております。古い友人です。

※ 敬意を表わす動詞の「ます形」

> いらっしゃる → いらっしゃいます　　おっしゃる → おっしゃいます
> くださる → くださいます　　なさる → なさいます　　ござる → ございます

Vocabulary

わざわざ:＿＿＿＿＿　　お越し:＿＿＿＿＿　　駆け付ける:＿＿＿＿＿

Check point

② 〜(ら)れる : 尊敬

> 1グループ動詞の語尾 [u] → [a] + れる
> 2グループ動詞の語幹 + られる
> 来る → 来られる　　する → される

① あの本はもう買われましたか。
② 部長は、先週の会議に出られましたか。
③ 事前に登録された方、いらっしゃいますか。

③ お + V-ます + だ(です) : 尊敬

① あ、お出掛けですか。
② 今、どちらにお泊まりですか。
③ 北海道に別荘をお持ちだとお聞きしました。

④ ご + N + なさる : 尊敬

お + V-ます + なさる : 尊敬

① 本社の方へ、ご栄転なさるそうですね。
② お買い求めなさる方は、必ずサイズをご記入ください。

⑤ 〜(さ)せてもらう(いただく) : 謙譲

> 1グループ動詞の語幹 [u] → [a] + せてもらう(いただく)
> 2グループ動詞の語幹 + させてもらう(いただく)
> 来る → 来させてもらう(いただく)
> する → させてもらう(いただく)

① 3月1日から3日まで、休ませていただきます。(＝休みます)
② それでは、今回はこの写真を使わせてもらうことにします。(＝使います)
③ では、私から自己紹介をさせていただきます。(＝します)

Vocabulary

事前:＿＿＿＿＿　登録する:＿＿＿＿＿　出掛ける:＿＿＿＿＿　別荘:＿＿＿＿＿
栄転:＿＿＿＿＿　買い求める:＿＿＿＿＿　記入:＿＿＿＿＿

Excercise

1 ＿＿＿の部分を敬語に直してみましょう。

① 今朝、送ってもらったメール、見ました。
　→ _____

② 粗末なものですが、どうぞ食べてください。
　→ _____

③ では、6時半に迎えに行きます。
　→ _____

④ そんなことがあったんですか。知りませんでした。
　→ _____

⑤ おはようございます。ゆっくり寝ましたか。
　→ _____

2 「～(ら)れる」を使って、敬語表現に直してみましょう。

① えっ？ この小説、星野さんが書いたんですか。
　→ _____

② 新しいビジネスを始めたそうですね。
　→ _____

③ 先生が、小田さんのことを心配していましたよ。
　→ _____

④ 夕べから並んだ方もいらっしゃるそうですよ。
　→ _____

Vocabulary

粗末だ：_____　　並ぶ：_____

Excercise

3 「～(さ)せてもらう(いただく)」の形にしてみましょう。

① 空いている部屋を使ってもいいですか。
→ _____

② では、資料を基に説明します。
→ _____

③ お言葉に甘えて、少し休みます。
→ _____

4 _____ の部分を敬語表現に直してみましょう。

① 羽田さまが来ました。
→ _____

② 皆さんも知っていると思います。
→ _____

③ 社員寮の方は見ましたか。
→ _____

④ 名前は聞いています。
→ _____

⑤ あの、私も一言言ってもいいですか。
→ _____

⑥ 海外出張で月末までいないそうです。
→ _____

⑦ 今年のお盆はどちらで過ごしますか。
→ _____

⑧ A: 身分証明証は免許でも大丈夫ですか。
　 B: はい。では、コピーを取ります。
→ _____

Vocabulary

～を基に:_____　お言葉に甘えて:____　社員寮:_____　身分証明証:_____　免許:_____

Dialogue

🎧 29

母：お口に合うかどうか分かりませんけど、たくさん召し上がってくださいね。
堀：ありがとうございます。おいしくいただいております。
母：ところで、堀さんのお父様のお体の具合はいかがですか。
堀：先月まで入院しておりましたけど、おかげさまで、今は元気です。
母：そうですか。元気になられて何よりです。あら、もうこんな時間。
息子：もうそろそろ終電の時間だね。明日休みだし、泊まって行ったら？
母：それがいいわね。ねえ、堀さん？
堀：すみません。それではお言葉に甘えさせていただきます。

⭐ 質問に答えてみましょう。

Q1: 堀さんのお父さんの体の具合はどうですか。

_____

Q2: 堀さんは今晩どうしますか。

_____

Vocabulary

口に合う：_____　具合：_____　終電：_____

UNIT10 敬語② 111

Listening

🎧 30

⭐ 内容をよく聞いて、質問に答えてみましょう。

Q1: 男の人は、どうして資料を送ることができませんか。
_____

Q2: 誰が会いに行くことになりましたか。またその理由は何ですか。
_____

Q3: 何時の待ち合わせですか。
_____

Q4: 待ち合わせの場所は、どの建物の近くですか。
_____

Vocabulary

壊れる:_____   恐縮だ:_____

Writing

★ 暑中見舞いを書いてみましょう。

・_____の部分を敬語に変えてください。

暑中お見舞い申し上げます。
厳しい暑さの中、①どう過ごしていますか。私は四月に大阪支店に②転勤して、ようやく落ち着いたところです。東京に在勤中はいろいろ③世話になり、心から④感謝しています。
近いうちに、出張で東京に⑤行きますので、その際は⑥連絡します。
あとしばらく、暑さは続きそうですので、⑦体に十分気をつけますよう、⑧祈っています。

---

① どう過ごしていますか → _____
② 転勤して → _____
③ 世話になり → _____
④ 感謝しています → _____
⑤ 行きます → _____
⑥ 連絡します → _____
⑦ 体に十分気をつけます → _____
⑧ 祈っています → _____

・上の例を参考に、先生に暑中見舞いを書いてみましょう。

_____
_____
_____
_____

Vocabulary

暑中見舞い:_____ 支店:_____ 落ち着く:_____ 在勤中:_____
感謝する:_____ あとしばらく:_____ 十分:_____ 祈る:_____

UNIT10 敬語② 113

Theme Talk

⭐ 次のテーマについて話してみましょう。

Q1: 職場（しょくば）で好かれるタイプと嫌われるタイプは、それぞれどんな人でしょうか。

Q2: 上司（じょうし）として好かれるタイプと嫌われるタイプは、それぞれどんな人でしょうか。

Q3: 仕事を選（えら）ぶ時、「やりがい」と「収入（しゅうにゅう）」のどちらを重視（じゅうし）しますか。
また「これだけは譲（ゆず）れない」という条件（じょうけん）はありますか。

Q4: 会社の面接（めんせつ）で、「自己（じこ）ピーアールをしてください」と言われました。
自分のどのようなところをアピールしますか。

Vocabulary

それぞれ: _____　　やりがい: _____　　重視（じゅうし）する: _____
譲（ゆず）る: _____　　自己（じこ）ピーアール: _____　　アピールする: _____

● 心理テスト

あなたは今、会社で会議をしています。
ところが、みんなの意見がバラバラで、一致しません。
さて、次の内、どれがあなたの発言に近いですか。

A: こうすれば、うまく行くと思います。
B: 皆さんの意見はどうですか。
C: どうして、みんなこんなに熱心なのかな？(心の中で)
D: 反対！　誰がそんなこと決めたの？
E: もう少し考えてみないと分かりません。
F: それより、ちょっと休みませんか。

Vocabulary

バラバラ:＿＿＿＿＿　一致する:＿＿＿＿＿　発言:＿＿＿＿＿

うまく行く:＿＿＿＿＿　反対:＿＿＿＿＿

Take a Break

心理テストの結果

あなたが「人からどう見られたいか」を知ることができる。

- **A** 「有能な人」だと思われたい。
- **B** 「正しい人」だと思われたい。
- **C** 「おもしろい人」だと思われたい。
- **D** 「大物」だと思われたい。
- **E** 「頭がいい人」だと思われたい。
- **F** 「いい人」だと思われたい。

Vocabulary

有能だ: ＿＿＿＿＿＿　正しい: ＿＿＿＿＿＿　大物: ＿＿＿＿＿＿

NEW わくわく日本語 高級1 Bridge

付録

解答＆リスニングスクリプト

付録

UNIT 1 P.20

<スクリプト>
はじめまして。私の名前は工藤寛です。経済学部の3年生で、みんなからは「こうちゃん」って呼ばれています。時々、目が犬っぽいって言われます。熊本出身で、実家は温泉旅館をやっています。ぜひ一度、遊びに来てください。趣味は音楽鑑賞で、ロックが好きです。彼女はいないんですけど、好きなタイプは、色が白くてやさしい人です。

<正解>
Q1. 工藤寛。こうちゃん。
Q2. 目が犬に似ていると言われる。
Q3. 熊本。
Q4. 温泉旅館をやっている。
Q5. 趣味は音楽鑑賞で、好きなジャンルはロック。
Q6. いない。
Q7. 色が白くてやさしい人。

UNIT 2 P.30

<スクリプト>
男1: もしもし、昨日お願いした書類、いつ送っていただけますか。
男2: すみません、今送るところです。全部で4枚あります。
男1: ありがとうございます。ところで、今晩お時間ありますか。
男2: ええ、大丈夫ですよ。
男1: 昨日オープンしたばかりの居酒屋があるんですけど、今週までメニューが全部半額らしいんですよ。
男2: いいですね。じゃあこれ送ってからすぐ会社を出ますから、7時に会いましょう。

<正解>
Q1. いいえ、今送るところだ。
Q2. 4枚。
Q3. 昨日オープンしたばかりだ。
Q4. 今週までメニューが全部半額らしいから。
Q5. 7時。

UNIT 3 P.40

<スクリプト>
女: テストどうだった？ 私は全然だめ。やっぱり一夜づけじゃだめだね。
男: 俺も。先生、単位くれるかな？
女: あの先生、成績に厳しいことで有名だからね。
男: しかも俺、結構欠席したし、遅刻も多いんだよね。
女: 何回ぐらい？
男: えーと、何回だったっけ。たぶん、欠席が3回で、遅刻が4回かな。
女: うっそー! 大丈夫？ 卒業できんの？
男: やばいなぁ。卒業できるように、今から先生にお願いしに行かなきゃ。

<正解>
Q1. いいえ。
Q2. 一夜づけじゃだめだ。
Q3. 成績に厳しいことで有名だ。
Q4. 欠席3回、遅刻4回。
Q5. 卒業できるように、先生にお願いしに行く。

UNIT 4　　　　　　　　　　P.50

<スクリプト>

女: すみません。ここからディズニーランドに行くには、どうやって行けばいいですか。

男: えーと、まず、京葉線の蘇我行きに乗ってください。

女: 蘇我行きですね。

男: ええ。それから、舞浜で降りて、リゾートゲートウェイ・ステーションまで歩いて、ディズニーリゾートラインに乗り換えてください。

女: 舞浜からリゾートゲートウェイ・ステーションまでは遠いですか。

男: いいえ。すぐですよ。2分ぐらいです。そこから、ひと駅だけ行けば、ディズニーランドの駅に着きますよ。

女: ありがとうございます。

<正解>

Q1. 京葉線の蘇我行きに乗る。
Q2. 舞浜で降りる。
Q3. 歩いて行く。
Q4. 2分ぐらいかかる。
Q5. ひと駅。

UNIT 5　　　　　　　　　　P.60

<スクリプト>

男: どうしましたか。

女: 体がぞくぞくして、せきが止まらないんです。それに頭もがんがん痛いし。

男: 熱を計ってみましょう。39度もありますね。「あ～ん」してください。のどもだいぶ腫れていますね。

女: 風邪でしょうか。

男: これはインフルエンザですね。薬を出しておきますから、よく休んでください。

女: 他に注意することはありますか。

男: しばらくお風呂に入らないでください。

<正解>

Q1. 体がぞくぞくして、せきが止まらない。それに頭もがんがん痛い。
Q2. 39度。
Q3. インフルエンザ。
Q4. 薬を飲んでよく休む。それから、しばらくお風呂には入らない。

UNIT 6　　　　　　　　　　P.70

<スクリプト>

女1: そのかばん、かわいい。どこで買ったの?

女2: ネットだよ。

女1: でもネットって、写真と実物が違わないとも限らないでしょ?

女2: たしかにそうだけど、口コミの評価を見た限りではよさそうだったし、安かったの。

女1: いくらだったの?

女2: もともとは2万円なんだけど、80%オフだったの。

女1: えー。超安いね。どこのサイト?

女2: 秘密。

女1: え～教えてよ～。私も急にかばん欲しくなっちゃった。

<正解>

Q1. (インター)ネット。
Q2. 4千円。
Q3. 口コミの評価もよかったし、安かったから。
Q4. 急にかばんが欲しくなった。

付録

UNIT 7　　　　　　　　　　　　　　P.80

<スクリプト>

男: はい。新宿警察署です。
女: すみません。家の前に、変な男の人がいるんです。
男: 住所はどちらですか。
女: 新宿区四谷3丁目の23番地です。
男: どういう状況ですか。
女: お酒を飲んだみたいで、私の家を自分の家だと思って、ドアをたたいたり、鍵を開けようとするんです。
男: わかりました。すぐに行きますから、それまで絶対にドアを開けないで待っていてください。

<正解>

Q1. 新宿警察署。
Q2. 新宿区四谷3丁目の23番地。
Q3. 変な男の人が家の前にいる。お酒を飲んだみたいで、自分の家だと思って、ドアをたたいたり、鍵を開けようとする。
Q4. 警察が来るまで、ドアを開けないで待つ。

UNIT 8　　　　　　　　　　　　　　P.90

<スクリプト>

女: 先日はお世話になりました。娘さんのおかげで、本当に助かりました。リエちゃん、元気ですか。
男: ええ。でも、成長するにしたがって、だんだん口を利いてくれなくなりました。
女: あら、反抗期ですか。
男: それもそうなんですが、娘が夜遅くに帰ってくることがあるので、そういう時に叱るのが、気に入らないみたいです。
女: でも、親としては、心配ですよね。
男: ええ。最近、この町も治安が良くないですからね。娘に嫌われても、守ってあげるのが親の役目だと思います。
女: その通りです。だから、そんなに気を落とさないでください。

<正解>

Q1. お父さんとあまり口を利かなくなった。
Q2. 帰りが遅くなった時、お父さんに叱られるのが気に入らないから。
Q3. 町の治安が良くないから。
Q4. 娘を守ってあげるのが親の役目だと思うから。

UNIT 9　　　　　　　　　　　　　　P.100

<スクリプト>

女: お電話ありがとうございます。イタリアーナ・レストランでございます。
男: すみません、ディナーの予約をしたいんですが。
女: ありがとうございます。いつのご予約でいらっしゃいますか。
男: 来週の火曜日です。ディナーは何時からですか。
女: 6時からでございます。
男: じゃあ6時半でお願いします。
女: 何名様でいらっしゃいますか。
男: 大人二人と、子供一人です。あ、それから、インターネットでクーポンを見つけたんですが、これ使えますか。
女: はい。4000円以上のコースならお使いになれます。

<正解>

Q1. 来週の火曜日。
Q2. ディナーは6時から。予約をしたのは6時半。
Q3. 三人。大人二人と子供一人。

Q4. 4000円以上のコースなら使える。

UNIT 10　　　　　　　　　　　P.112

<スクリプト>
女: すみません。資料は送っていただけましたか。
男: 遅くなってすみません。今送ろうとしたんですが、ファクスが壊れてしまって……。私が明日、そちらに伺います。
女: いえいえ、こちらがお願いしたことですから、私が参ります。
男: 恐縮です。では、何時頃にいらっしゃいますか。
女: 4時頃に伺わせていただいてもよろしいですか。
男: 大丈夫です。お車で来られますか。
女: いいえ、タクシーで行くつもりですが。
男: では、運転手さんに、「博多ビル」と言っていただければわかると思います。
女: わかりました。それでは明日、お目にかかります。

<正解>
Q1. ファクスが壊れたので。
Q2. 女の人の方からお願いしたので、女の人が資料を取りに行くことになった。
Q3. 4時頃。
Q4. 博多ビル。

지은이 소개

● 元美鈴（Won Mi Ryong）

[学歴]
- 韓国外国語大学 日文日語課 博士課程 単位取得
- 韓国外国語大学 教育大学院 日本語教育 修士
- 韓国外国語大学 日本語課 卒業

[職歴]
- (現) EBS教育放送ラジオ「中級日本語」進行及び教材執筆
- (現) 梨花女子大学校 言語教育院 講師
- (前) CHA医科大学(CHA University) 講師

[著書]
『달달 외우는 일본어 단어장』
『J-pop도 듣고 일본어도 배우고』
『일본어 첫걸음 모질게 끝내기』
『3重チェック日本語単語帳』
『日本語会話表現辞典』
『すらすら日本語』(入門・初・中・高級)
『ワクワク21シリーズ』(初・中・高級)
『일본어를 잡아라』(日本語入門書)

● 伊藤貴雄（Ito Takao）

[学歴]
- ソウル大学院宗教学科 博士課程単位取得
- ソウル大学大学院国語教育科 修士課程修了
- 創価大学文学部卒業(日本)

[職歴]
- (現) 延世大学校言語研究教育院 講師
- (現) 弘益大学校教養科 専任講師